論語を礎として商事に営み
算盤を執て士道を説く
非常の人非常の功

明治四十三年一月下澣画於
先楽山荘竜温泉熱泉
正

論語と算盤図、小山正太郎画
（渋沢史料館蔵）

論語と算盤

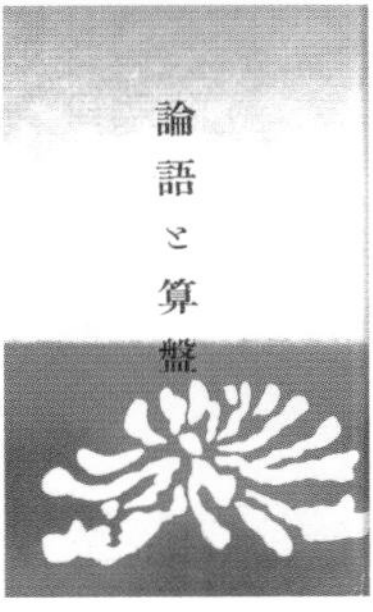

『論語と算盤』。初版
は1916年、写真は
1955年刊の表紙
（渋沢史料館蔵）

山田方谷肖像、小倉魚禾画（高梁市蔵）

三島中洲肖像（二松学舎蔵）

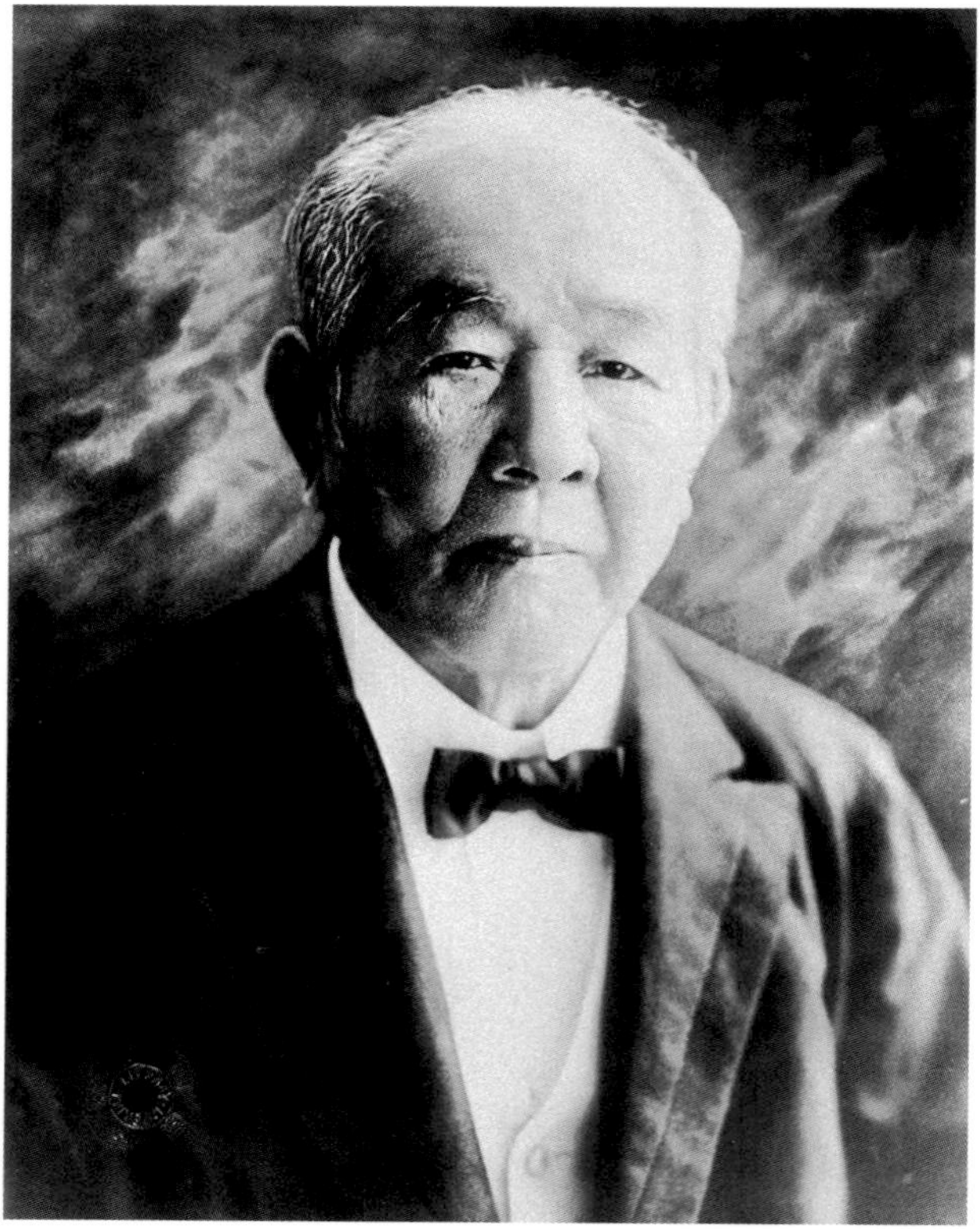

渋沢栄一（二松学舎蔵）

創建当時の漢学塾二松学舎のジオラマ。奥の2階建ての建物が講堂（写真・二松学舎）

備中松山城
（写真・二松学舎）

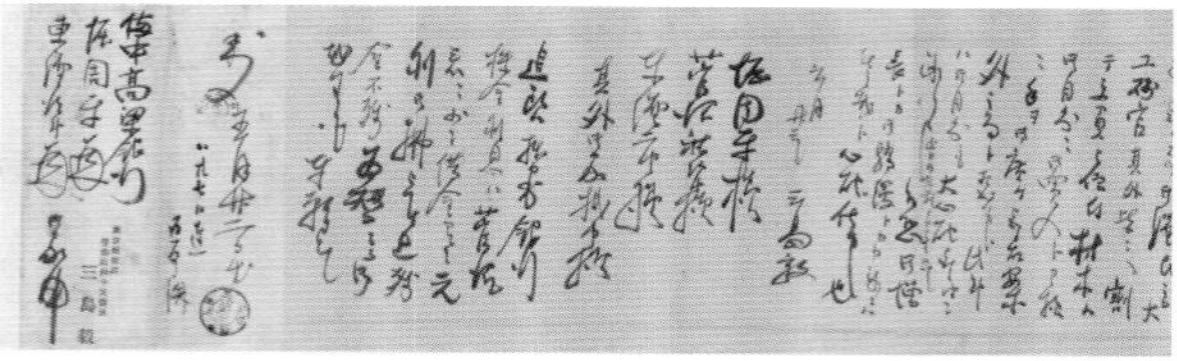

三島中洲書翰（明治15年5月22日付、堀周平・菅沼祐次郎・東謙次郎宛）／第八十六国立銀行は、明治10年、中洲が主体となって渋沢栄一、外山脩造、藤村胖らから情報を得つつ設立準備を進め、明治12年5月1日に開業。旧藩士の授産に寄与した。中洲と川田剛は旧藩士に呼びかけて高梁親睦会も結成している。一連の士族授産事業において、中洲は川田とともに東京に移住した両板倉家と高梁を結ぶ役割を担い、高梁では神戸謙次郎、堀周平、菅沼祐次郎、東謙次郎等が実務をとった（二松学舎大学附属図書館発行『三島中洲と近代 其二』より）

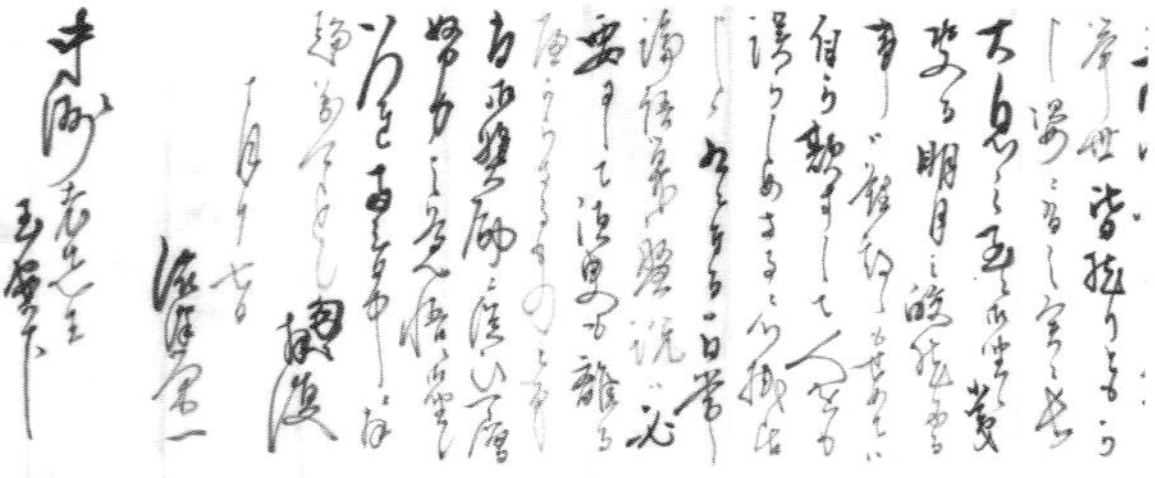

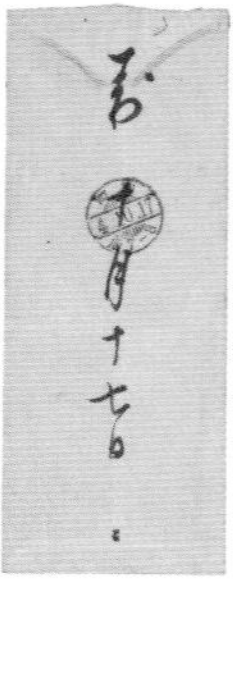

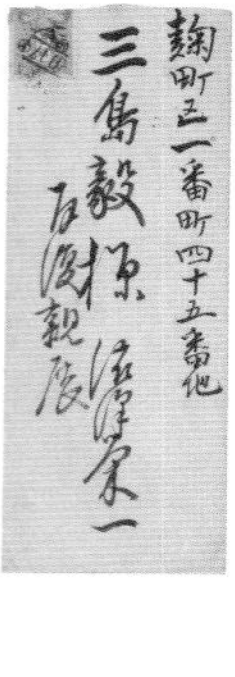

渋沢栄一書翰（大正4年10月17日付、三島中洲宛）／70歳で実業諸団体の役員を辞職した渋沢栄一は、以後民間外交や道徳普及に尽力する。上の書翰は渡米する渋沢へ中洲が贈った漢詩に対する礼状（二松学舎大学附属図書館発行『三島中洲と近代 其二』より）

二松学舎大学で開催された2018年のシンポジウムで上演された漱石アンドロイド演劇「手紙」（写真・二松学舎）

漱石アンドロイド。二松学舎大学附属柏高等学校創立50周年・柏中学校創立10周年記念祝賀会での祝賀スピーチの様子（写真・二松学舎）

埼玉県深谷市の「渋沢栄一記念館」に展示されている渋沢栄一アンドロイド（写真・二松学舎）

刊行に寄せて

今、渋沢栄一が再び大きな注目を浴びています。2024年発行予定の新一万円札の肖像に採用が決まり、また今年は彼が主人公であるNHK大河ドラマが放映されるなど、話題をさらっています。

渋沢は、『論語と算盤《そろばん》』の著者として、また我が国明治、大正時代の混乱期に社会、民衆のニーズに応じた紡績、金融、電力、水道などに携わる500以上の企業の設立や経営に関わるなど「日本資本主義の父」ともいわれる巨人です。また、商法講習所（現・一橋大学）、大倉商業学校、東京養育院の経営・支援など教育・社会福祉分野でも大きな足跡を残しており、日本経済・社会制度の発展へとつなげた大経営者であり、現代経営学の権威であるピーター・ドラッカーもその業績を高く評価、「ロスチャイルド、ロックフェラー等の業績を超えるもの」との声があるほどです。

明治の漢学者で法律家の三島中洲《ちゅうしゅう》は、二松学舎の前身である漢学塾二松学舎の創設者であり、渋沢とは思想的な重なり等を背景として親しく、既述の『論語と算盤』も、中洲と渋沢との対話から書き始められています。こうした縁もあって、渋沢は、中洲から頼まれ、本学の第三代舎長に就任、漢学塾二松学舎を引き継ぎ、その後身である二松学舎専門学校の設立に奔走するなど、本学の発展を支えた重要な人物であり、恩人といえます。

三島中洲が唱えていた「義利合一論」すなわち「義と利を分けて考えるべきではない。利は義から生まれる結果である」という考えと、「道徳と経済は相矛盾するものではない」という渋沢栄一の「道徳経済合一説」は思想的には同根であるといえます。本書では、三島中洲の師であり、江戸末期の漢学者・大改革者であった山田方谷《ほうこく》からつながる「陽明学」の流れをも踏まえ、両者の思想の展開を探ろうとしています。

近代資本主義の発展はグローバル化を背景に大きな繁栄をもたらしましたが、一方で格差社会による貧困・健康問題や自然環境破壊による地球温暖化等の問題を生み出し、SDGsの必要性が叫ばれております。これらの問題を解決するためには、渋沢の追求する、「私益」と「公益」の両立を図るという、正に「論語と算盤」の考え方が必要であります。すなわちこれら様々な弊害・課題の解決に当たっては、「論語」に根ざす渋沢の道徳的倫理観や公共性・公益性の観点を加味し、「社会を幸福にする価値創造」、「正義の実業の立ち上げ」、「富は社会へ還元し、人間生活を主体とした経済活動の実現」という志と考え方を、世界全体に浸透させていくことが、必要不可欠です。ここに渋沢の思想をもう一度見据え、再構築し、新たに発展させていく使命があり、本学はそうした「志」ある人材を育む学び舎《や》であり続けたいと思います。

最後になりましたが、本書は、主に学校法人二松学舎常任理事・西畑一哉の執筆、二松学舎大学文学部教授・町泉寿郎の監修によるものです。二松学舎関係者はもとより、現在生じている様々な問題を解決し、持続可能な社会を実現するためには、我々が今何を目標とし、何をすべきなのか、を問題意識としてもっておられるすべての人々に読んでいただきたいと思います。

学校法人二松学舎　理事長
水戸英則

第2章――三島中洲――教育者・漢学塾二松学舎の創設者

第3章――渋沢栄一――資本主義の父は「社会福祉事業の父」でもあった

第4章 ―― 山田方谷・三島中洲・渋沢栄一の思想 ―― 陽明学の系譜

第5章――山田方谷、三島中洲、渋沢栄一――三人の絆

※人物の振り仮名及び生没年は、一部の例外を除いて『国史大辞典』に準拠しています。

※一部の引用・抜粋文については、読みやすくするために次のように表記を変更しました。

・旧仮名遣いは現代仮名遣いに改めました。ただし、文語的な言い回しが伴う場合には原文のままとしました。
・「常用漢字表」に掲げる漢字は新字体に改めました。
・読みにくい言葉や送り仮名の不足については振り仮名（現代仮名遣い）をつけました。

「論語と算盤」

渋沢栄一と二松学舎

プロローグ　『論語と算盤』の絵と由来

渋沢栄一は、第一国立銀行や東京海上保険会社など500を超える企業の設立や経営に関わり、日本の資本主義の父と呼ばれ、明治・大正・昭和にわたって活躍した、まさに巨人ともいうべき人です。

渋沢栄一が経営と道徳は一体であるという自身の「道徳経済合一説」を丁寧に論じた代表作に『論語と算盤』という著作があります。その冒頭は次のように始まります。読みやすく一部を改変して紹介します。

〈論語と算盤は甚だ遠くして甚だ近いもの〉

今の道徳によって最も重《おも》なるものとも言うべきものは、孔子のことについて門人達の書いた論語という書物がある。これは誰でも大抵読むという事は知っているがこの論語というものと、算盤というものがある。これは甚だ不釣合で、大変に懸隔《けんかく》したものであるけれども、私は不断にこの算盤は論語によってできている、論語はまた算盤によって本当の富が活動されるものである、ゆえに論語と算盤は、甚だ遠くして甚だ近いものであると始終論じているのである。

ある時、私の友人が、私が七十になった時に、一つの画帖を造ってくれた。その画帖の中に論語の本と算盤と、一方には「シルクハット」と朱鞘《しゅざや》の大小の絵が描いてあった。一日、学者の三島毅《き》先生が私の宅へござって、その絵を見られて、「甚だ面白い。私は論語読みの方だ。お前は算盤を攻究している人で、その算盤を持つ人がかくのごとき本を充分に論ずる以上は、自分もまた論語読みだが算盤を大いに講究せねばならぬから、お前とともに論語と算盤をなるべく密着するように努めよう」と言われて、論語と算盤のことについて一つの文章を書いて、道理と事実と利益と必ず一致するものであるということを、種々なる例証を添えて一大文章を書いてくれられた。(中略)その富をなす根源は何かといえば、仁義道徳。正しい道理の富でなければ、その富は完全に永続することができぬ。ここにおいて論語と算盤という懸け離れたものを一致せしめる事が、今日の緊要の務《つとめ》と自分は考えているのである。

ここで渋沢栄一を訪ねてきた、三島毅先生とは、二松学舎（現在の二松学舎大学）の創設者三島毅（三島中洲《ちゅうしゅう》）のことです。戦前の文章ですので、「一日」以下の部分を現代語に直してみましょう。

ある日、学者の三島毅先生が自分の家に訪ねてこられた。その時、（「論語と算盤」の）絵をみて、「とても面白い絵ですね。私（三島）は論語の研究をする学者です。渋沢さんは、算盤を使って仕事をする商工業の経営に携わっておられます。算盤を使っての商工業経営を仕事とされている渋沢さんが、論語について深く論じていることに感心します。私（三島）は論語等の古典を研究する身ですが、（渋沢さんのように）算盤を使っての商工業経営についても大いに勉強しなくてはなりませんね。渋沢さんと私とで、論語（に代表される道徳や倫理）と算盤（に代表される商工業経営の在り方）をできるだけ重ねていくように考えていきましょう」と話された。

この絵を見た三島中洲は後日、渋沢栄一に手紙を送っています。手紙の中で、三島中洲は、まず渋沢栄一が論語と経営を同じものとして扱おうとする姿勢に改めて賛意を示したうえで、次のように書き加えています。この部分を現代語に訳して紹介します。

この論語と算盤の絵を描いた画家は、渋沢栄一の事を知っているようで、十分には知らないのです。というのは、この画家は、論語と算盤を別々のものと考えて描いているからです。論語と算盤は、元来一つのものなのです。

もちろんピカソやブラックのようなキュビスム画家ならともかく、論語と算盤を合体した絵など描くことは無理ですが、三島中洲としては論語と算盤を合一のものとして考えるべきということを主張したかったのです。

この二人の会話から、『論語と算盤』が始まり、数々の例を示しながら、論語（に代表される道徳や倫理）と、算盤（に代表される商工業経営の在り方）が合一のものであるという論がダイナミックに展開されていきます。『論語と算盤』は本書を手に取られている方には、是非目を通していただきたい日本における経営哲学の古典と言うべき書です。

この会話でわかるように、渋沢栄一と三島中洲は極めて親しく、また思想的にも相通じる部分が多くありました。この二人の会話に垣間見られる陽明学を礎とした思想については、後の章で詳しく述べたいと思います。

三島中洲と渋沢栄一の話を始める前に、山田方谷《ほうこく》という人の話をしておく必要があります。山田方谷は、幕末の陽明学者であり、現在の岡山県にあった「備中《びっちゅう》松山藩」の藩政を大改革した人です。そして何よりも三島中洲の直接の師であり、中洲の思想と行動に限りない影響を与えた人です。そのため、三島中洲の思想・行動を記述する前に、第1章では山田方谷の思想や行動について探っていきたいと思います。

第1章

山田方谷——幕末の大改革者

（1）山田方谷とは

江戸時代の学問界

備中《びっちゅう》松山藩（現・岡山県高梁《たかはし》市）の執政を務め、幕末随一の藩政改革者と謳《うた》われた山田方谷《ほうこく》（1805〜77）は、農業と菜種油の製造販売を家業とする半農半商の家庭の出身でした。三島中洲《ちゅうしゅう》も農民出身です。

こうしたことはこの二人に限ったことではなく、江戸時代も末期には下級武士や郷士、庶民階級の出身者が全国各地で登用され、動乱期に大きな働きをしました。幕末維新の立役者である薩摩藩（現・鹿児島県）の西郷吉之助（隆盛）や大久保一蔵《いちぞう》（利通）、長州藩（現・山口県）の伊藤俊輔（博文）も郷士あるいは下級武士の出身でした。そして、渋沢栄一も武蔵国（現・埼玉県深谷市）の農民でした。

江戸時代は、武士・農民・職人・商人を職業別に階級づけた「士農工商」で知られるように厳しい身分制度に基づく社会でした。しかし、幕末にはこのような下級武士、庶民層が登用され、活躍したのです。実力主義の台頭といえるかもしれません。では、こうした身分制の下位におかれた人たちは、どのようにその実力を発揮していったのでしょう。その鍵の一つは、江戸時代後期の学問界にありました。

江戸時代に学問といえば、四書《ししょ》（「大学」「中庸《ちゅうよう》」「論語」「孟子《もうし》」）五経《ごきょう》（「易経《えききょう》」「書経《しょきょう》」「詩経《しきょう》」「礼記《らいき》」「春秋《しゅんじゅう》」）を学ぶことであり、これは朱子学（宋学《そうがく》）と呼ばれました。朱子学は、中国・宋代（960〜1279）に朱熹《しゅき》（朱子、1130〜1200）が中心となって体系化した、儒教哲学の学派です。日本には鎌倉時代に入ってきましたが、江戸時代になるまでこの学問の主たる担い手は禅僧や京都の貴族でした。けれども江戸幕府の官学となることで急速に日本全国に広まり、江戸時代を通して学問イコール朱子学という地位を築き上げました。

江戸時代も17世紀半ばになり、商人を中心に富裕な庶民層が形成されると、その中から知的な有閑者《ゆうかんしゃ》が現れ、新たな文化を形成していきました。

当時の日本は、江戸、京、大坂（現・大阪）を中心に世界でも有数の出版大国であり、商工業者には読み書き算盤のテキスト、農業者には農事暦が必須でした。同時に種々の娯楽的な読み物やパズルとしての和算書などが巷《ちまた》に溢れていて、庶民層の知的なレベルは相当程度高かったと考えられています。その結果、富裕な庶民層の中にも朱子学を探求しようとする動きが現れるようになりました。そして、朱子学の探求を通じることによって、これまでそれを独占していた武士階級などの研究者と「横のつながり」をもつ庶民層も出てきたのです。

こうして、身分制社会の中にあっても、徐々にですが学問界という次元の違う別世界が形成されていきました。そしてそこでは、学問の力だけが評価の対象となる、ある意味での実力主義が確立していったのです。

山田方谷は、こうした時代を象徴する人物の一人でした。地元の高梁市を中心に岡山県では、「備中聖人」とまで讃えられ記憶されています。

こうした事情を象徴するエピソードがあります。現在も高梁市には「方谷駅」（JR伯《はく》備《び》線）という、山田方谷の名前にちなんだ駅があります。全国でも人名を用いた駅名はとても希少です。

昭和3（1928）年に開業したとき、「駅名に人名は用いない」と旧国鉄は拒絶しましたが、熱心に運動する地元の熱意に押され、「人名ではなく地名」という理屈をつけて採用に踏み切っています。

10万両の借財を7年で返済

江戸期の藩政改革者として現在もよく知られているのは、米沢藩主・上杉鷹山《ようざん》（1751〜1822）でしょう。米国元大統領J・F・ケネディが最も尊敬する日本の政治家として挙げた人物です。上杉鷹山は、藩主になったときに積もっていた20万両の借財をおよそ50年ですべて返済し、さらに余剰金5千両を残したとされ、現在も多くの人の尊敬を集めています。

これに対し山田方谷は、10万両の借財を7年で返済し、その時点で10万両の余剰金を残しました。しかも米沢藩の石高が15万石であったのに対し、備中松山藩は表石高（名目）5万石、実質はわずか2万石にすぎなかったといわれています。上杉鷹山の業績と比較することで、山田方谷が成し遂げたことの大きさが理解できるのではないでしょうか。

しかし、山田方谷を財務家あるいは経理の専門家のように捉えたとすれば、それは大きな誤解です。後で詳述するように、山田方谷は軍制度を改革し近代的軍事教練を取り入れ、備中松山藩を中国地方でも屈強と呼ばれる軍事強国に育てました。戊辰《ぼしん》戦争（1868～69）で活躍した長岡藩（現・新潟県長岡市）の河井継之助《つぎのすけ》（1827～68）も、山田方谷の教えを請いに（軍事面だけではありませんが）わざわざ備中松山藩を訪ねています。また、軍事力強化の前提となる殖産興業《しょくさんこうぎょう》でも、現実的で効果的な諸施策（詳しくは48ページ参照）を次々打ち出しています。

方谷の生い立ち。4歳で扁額を書く

山田方谷の生家は農業のかたわら、菜種油の製造販売で生計を立てる家でしたが、3代前の曾祖父宗左衛門までは郷士（農村に居住した武士、あるいは由緒ある家系で名字帯刀を許された有力農民）格を与えられていました。ところが、当主の宗左衛門が人を殺《あや》めて自刃《じじん》するという大きな事件を起こしたことから、財産は没収、郷士格は剝奪、一家は所払い（追放）となってしまいました。

以後、山田方谷の祖父と父は家勢を回復し、山田家を武家として再興することを目指して家業に、そして子弟の教育に努力してきました。

幼児といっていいような年齢から母親に指導された書は、4歳の時すでに神社の扁額を書くまでに達していたといわれており、山田方谷は周囲を驚かすような天分を示していました。

そうした噂が届いていたのか、隣接する新見《にいみ》藩（現・岡山県新見市）の儒者丸川松隠《しょういん》の回陽塾に5歳で入門が許されます。当時すでに52歳だった松隠は、当初この幼子の指導に息子の慎斎を当てましたが、まもなくその非凡な才能に気づき、自ら教え導き、生活上の助力をも惜しまなかったようです。

師や兄弟子に恵まれた方谷でしたが、個人生活においては14歳のときに母が没し、その後まもなく父も病没して、継母とまだ幼い弟が残された山田家を支えられるのは、15歳の方谷一人でした。

神童から有為の士へ。江戸の佐藤一斎塾に入門

文政《ぶんせい》8（1825）年、方谷が21歳の年、藩主の板倉勝職《かつつね》から二人扶持《ふち》（俸禄）の支給

とともに、「学問所へ出頭し、なおこの上とも修業し、ご用に立つよう申しつける」[1]との手紙を受けます。これは、今後さらに学問に励み、将来は藩のために役立つ人材となれ、ということです。つまり、備中松山藩はこのとき、山田安五郎（方谷）という半農半商の青年をリクルートしたのです。

23歳となった文政10（1827）年には、念願の京都遊学を果たしました。25歳の年に再び京都に遊学します。そして半年後に帰郷すると、藩からは名字帯刀を許され、中小姓格の扱いとなり、同時に藩校・有終館の会頭（輪講・会読の責任者）を命じられました。方谷は、山田家の念願であった士分に取り立てられたのです。

天保《てんぽう》4（1833）年、山田方谷は江戸で、佐藤一斎塾に入門します。この佐藤一斎塾には、時代を代表する人物が集結していました。安井息軒《そっけん》、芳野金陵《きんりょう》、斎藤拙堂《せつどう》といった当時の代表的な漢学者に加え、後の明治維新前夜の時期に政治思想面で日本をリードした佐久間象山《しょうざん》、横井小楠《しょうなん》といった英傑も揃っていました。

山田方谷は約3年にわたる江戸遊学の時期に、学問を深めるだけでなく、こうした幕末期の英傑と交わり、その知己を得ることになったのです。今振り返っても大変な人脈を形成したものです。こうした広大な人脈が、後日幕府の老中となった藩主板倉勝静《かつきよ》（1823〜89）を補佐する際にも大変役に立ったものと考えられます。

山田方谷と陽明学

山田方谷は陽明学を奉じていました。彼が政治家、経世家《けいせいか》として行った事績の多くは、この陽明学の方から見ることによって理解が進むことが多くあります。

> 陽明学とは、中国の明の時代に、王陽明《おうようめい》が創始した儒学の一派。知識と行動を同時に行うという「知行合一《ちこうごういつ》」論など実践的な思想を提唱した。知識を重視する朱子学（宋学）と対比される。

陽明学は王陽明という創始者の名に拠っています。陽明学は実践を尊ぶ学問でしたので、実践的な改革者である山田方谷は思想的に陽明学に寄っていきます。方谷の実践と陽明学の関係については、三島中洲・渋沢栄一と陽明学の関係を含め、第4章で詳しくみていきたいと思います。

日本を震撼させたアヘン戦争勃発

天保年間後期、国内は毎年のように天災に見舞われ、日本を取り巻く海には外国船が頻々と現れます。なかでも日本を震撼《しんかん》させた最大の事件は、１８３９（天保10）年に勃発したアヘン戦争でした。

当時、喫茶の習慣が定着した英国は、茶、陶磁器、絹などを大量に清から輸入し、大幅な輸入超過を生みました。今でいうと貿易収支が大赤字になっていたのです。その解決策として企てられたのが、当時英国の植民地だったインドをアヘン輸出に絡めた三角貿易です。英国はインドでアヘンの原料であるケシを栽培し、清に輸出しました。

しかし、英国にとって好都合なこの政策が、清を苦しめたことはいうまでもありません。すぐに輸入禁止の処置がとられました。とくに皇帝の特命を受けた林則徐《りんそくじょ》は、英国商人から大量のアヘンを没収し廃棄するなど、厳しくアヘン密輸の取り締まりに当たりました。

林則徐の取り締まりに対して、英国は商船を海上に停めて抗議を行っていましたが、清側はこれをはねつけます。そこで１８３９年11月３日、この貿易拒否の返答を口実に英国は清国船団を攻撃し、壊滅させました。これがアヘン戦争の始まりです。これに驚いた清国政府は、林則徐を解任するなど、英国に対する政策を軟化させましたが、英国はさらに香港割譲などの要求を出し、戦火は拡大していきます。

結局１８４２年８月29日、両国は南京条約に調印し、清は多額の賠償金と香港の割譲、従来の広東、厦門、寧波、福州、上海の開港、治外法権、関税自主権の放棄、最恵国待遇条項の承認などを余儀なくされました。さらに、他の列強諸国もこの不平等条約に便乗し、米国、フランスなどとも同様の条約が結ばれます。

こうした事態について、日本は鎖国下だったので当時の庶民は何も知らされていなかった、というイメージが定着していますが、実際はそうではありません。商人を中心に多くの国民がこの隣国の戦争を知っていました。まして漢学者などの知識層が、これを知らないはずはありません。山田方谷も備中松山の地で、刻々とこの情報をフォローしていたはずです。

（2）山田方谷の改革

賢君と名臣。藩のナンバー2へ

備中松山藩では、継嗣《けいし》のなかった藩主勝職《かつつね》が、伊勢桑名藩（現・三重県桑名市）から養子を迎えます。これがのちに幕府老中として幕末の重責を負うこととなる名君板倉勝静でした。板倉勝静は寛政の改革で有名な松平定信（1758〜1829）の孫に当たります。弘化《こうか》元（1844）年、22歳の勝静が初のお国入りをします。同時に山田方谷は侍《じ》講《こう》を命じられ、ほとんど毎日のように呼び出されては学問の相手を務めました。

こうした日々のなかで山田方谷は、勝静の文武両道にわたる精進ぶりや寒中にも炉を遠ざける克己心《こっきしん》に驚くと同時に、松山藩の将来に希望を抱きます。それは勝静もまた同様であり、山田方谷の学識の高さ、思想の深さに感銘と敬慕の念を抱きました。

嘉永《かえい》2（1849）年春、病床に伏した勝職は引退し、藩主を勝静に譲りました。8

月には江戸藩邸で病没します。すると11月、山田方谷は江戸藩邸に呼び出され、勝静から藩の元締と吟味役の兼任を命じられました。元締は財政長官であり、吟味役はその補佐役にあたります。現在でいうと、財務大臣と財務省主計局長を兼ねたような役目ですから、これは大変な大役です。

当然のことですが、山田方谷はこの唐突な下命を固辞しました。とはいえ藩主直々の命令ですから、結局は引き受けざるを得なくなります。当時諸藩では人材登用が盛んではありましたが、依然として身分制度は厳しく残っていましたから、農民出身者を藩の重役に取り立てるという異例の抜擢でした。

農民出身者が事実上藩のナンバー2になったわけですから、藩士の動揺や山田方谷に対する揶揄《やゆ》は大変なものだったようです。しかし、藩主勝静は、藩内の揶揄の声にも動ずることなく、方谷の改革推進を全面的にバックアップしたのです。

窮迫していた藩財政

山田方谷は改革の一歩として、藩の財政状態を調査しその収支計算を藩主勝静に上申しています。その主旨は次のようなものでした。

いまのところ収支決算に過不足はありませんが、借金の利息を年間で8000から9000両を支払わなければならず、この年の財政改革で2000両ほど節約しても、なお6000から7000両の赤字となります。翌年も節約額を計画どおり実行すれば、過不足はないものの、借金の元金は相変わらず残り、これを放置しておいたのでは、毎年4000から5000両の赤字が発生します。したがって、今後は債権者との話し合いが重要となります。(2)

当時、藩財政の窮迫は全国的な課題でしたが、松山藩も藩士の家禄を借りあげたり、農民に高掛《たかがか》り米（農民の持ち高に増し高を掛けて取りたてるもの）をつけたり、商人に金を借りたりして、一時しのぎのやりくりをしていました。この負債の償却に追われ、不時の支出にはまた借金を重ねるというありさまで、参勤交代時の道中の駕籠《かご》かきの間では、「貧乏板倉」という悪名がささやかれていました。

そもそも松山藩は表高5万石とはいっても、実収は2万石弱でした。これまでの元締はこの実態を隠して、借入金の便宜をはかってきたのです。山田方谷は自ら大坂に出張して債権者たちと談判しています。

山田方谷は債権者に対し、藩財政の実情を率直に述べ、諸費用を支払うと残りはほとんどなく、このままでは藩自体が立ちゆかないばかりか、債権者たちへの信義を失う結果になる、と説明したのです。債権者たちは驚きました。そこで方谷は、藩政改革の計画を詳細に語り、今後ふたたび借財しないことを条件に、従来の負債を新旧に応じて10年から50年の期限で返済することを提案しました。個々の債権者ごとに綿密な返済計画を策定し、示したのです。

また、返済原資については、後述する鉄と銅の生産増も考慮されていました。率直な実情説明と、厳密な数字に基づいた確かな計画を見せられた債権者たちはこれを承諾しました。

数字に基づいた合理的な説明だったことに加え、山田方谷の言葉にはその倫理観や人間性に基づく強い説得力があったということでしょう。

大坂蔵屋敷の廃止

山田方谷はこの後、大坂の藩蔵屋敷を廃止しています。当時は大坂の米相場が全国の相場をリードしていました。藩の蔵屋敷は、蔵元という商人が管理し、掛屋《かけや》という商人が市場に米を販売して現金化し、藩に送金していました。ただ、相場判断や売却のタイミングは蔵元が事実上判断を独占していました。また、この蔵屋敷の米は実際のところ、藩の借財の担保となっていました。さらに蔵屋敷の維持のための費用も相当高額（年間千両）になっていたのです。

山田方谷はこの大坂の藩蔵屋敷を廃止し、後述するように藩内に複数の所蔵所を設けて収納米を保管する方式に切り替えました。そして大坂の米相場を睨《にら》みながら、上値になった時期（主に春から初秋のいわゆる端境期）に一気に運搬し販売するという方式に切り替え、収納米販売による利益率を大幅に向上させたのです。

今でいうと問屋を通さずに、相場を見ながら大規模な産直販売を行ったということでしょう。このあたりの優れたマーケット感覚は、とても江戸時代の人間とは思えないほどです。山田方谷は士分に取り立てられる以前、菜種油の生産販売を行っていた時期があり、商品作物の価格変動にもかなり詳しかったことが影響しているのかもしれません。
大坂の蔵屋敷を廃止した結果、年貢米を一時貯蔵する倉庫が必要になりましたが、山田方谷は四十カ所の米倉庫を藩内に建設し、この米倉庫から米を大坂に直接水運で搬入するシステムを構築しました。分散された米倉庫の方が、領民の米運搬に関する労力を減少させることができると考えたと言われています。また、こうした米倉庫は飢饉の際の米を配給する「義倉《ぎそう》」の役割を果たすことにもなっていました。

鉱山で巨利を築いた「殖産興業」

山田方谷の政策は、殖産興業においても大いに実をあげました。撫育《ぶいく》方という役所を新設して、収納米以外の収益をこの役所で管理し、藩の利益獲得を図ったのです。巨利を得たのは鉄山と銅山の開発と、鉄・銅製品の製造販売です。

殖産興業とは、一義的には明治期に資本主義的生産方式移行のため政府が展開した産業保護・育成政策をいう。富国強兵と並び、当時の重要課題であった。明治期においては欧米から産業機械・技術を導入し、軍事、鉱山、製糸、紡績、造船などの官営工場・鉱山を経営した。こうした官営工場等は、のちに民間に払い下げられ、日本近代資本主義育成の土壌となった。
山田方谷の改革時期は明治以前ではあるが、ここでは実行した改革内容とその目的が明治期の殖産興業に極めて近いのでこの用語を用いている。

備中北部の山中では砂鉄が産出し、また成羽《なりわ》（吉岡銅山など）では銅が産出しました。こうした鉱山の中には、荒れ果てて鉱石をほとんど産出しなくなっていた山もあったのですが、山田方谷は綿密な調査をしたうえで、財政難のなかであえて可能性のある鉱山を再整備し、産出高を拡大しています。

そのうえで、城下の高梁川対岸の村に数十の工場を置き、相生町と称して鉄器・農具・稲こき・釘などを製造しました。とくに、「備中鍬《びっちゅうぐわ》」（35ページの写真）と呼ばれる鍬の歯が3本になっているものは、土壌を耕す際に歯に土がつきにくく、耕作時の力をセーブできるので、特産品となりました（現在でもホームセンターなどでよくみかけます）。また、鉄釘（37ページの写真）は建築材料としての需要が多く、火事の多かった江戸では重宝されました。

山田方谷は、「快風丸」という米国製の貨物船を購入し、生産した備中鍬や鉄釘を船に積んで高梁川を下らせ、玉島港（岡山県倉敷市）から快風丸で大坂や江戸に大量に運搬したのです。江戸には役所と倉を設けて備中鍬や鉄釘を管理・販売し、その収入を江戸藩邸の費用に充て、一部は借財の償却に、また一部は藩札兌換《だかん》の準備金に充てました。また領内の山野には杉・竹・漆・茶などを植えさせ、煙草を増植し、和紙を製造させたりしています。煙草

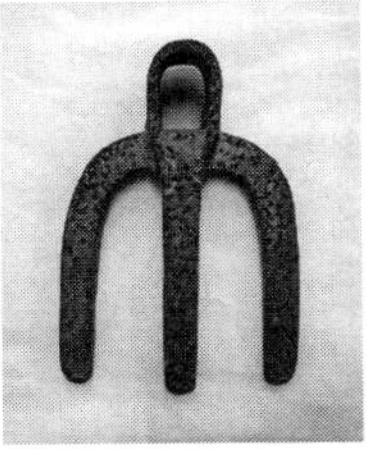

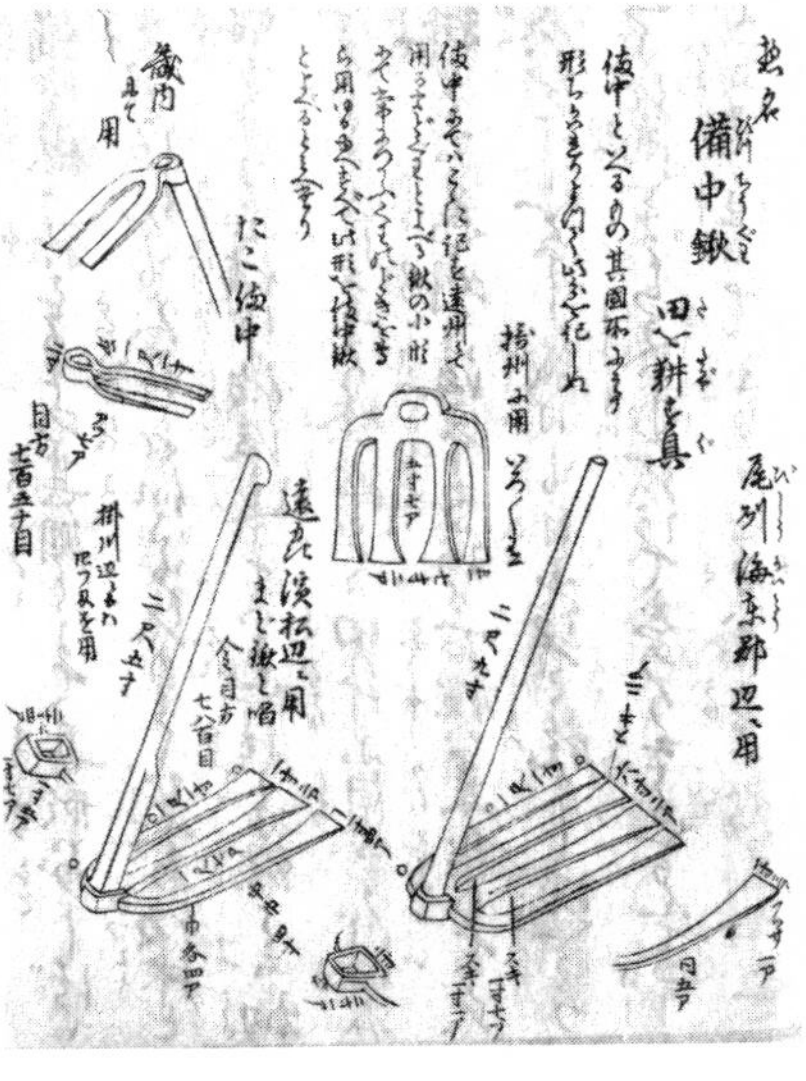

右図／江戸時代の『農具便利論』の備中鍬の項。現在も園芸などで使用されている＝国立国会図書館デジタルコレクション。左写真／備中鍬＝高梁市教育委員会提供

は現在でも備中煙草として知られています。

快風丸とは、備中松山藩が文久《ぶんきゅう》2（1862）年に米国から購入した西洋式大型帆船（船長33メートル）。当時松山藩で製造した鉄釘等は、高瀬舟で玉島まで運び、兵庫港（現・神戸港）までは地元の帆船で運び、その後兵庫港から外洋船に積み替えて江戸に輸送していたが、外洋船の運賃が1回の輸送で2千両かかっていた。山田方谷は配下の川田甕江《おうこう》（剛）に外洋船調達を命じ、文久2年に7150両（1万8千ドル）で購入し、江戸までの輸送費を大幅に縮減した。なお、後に同志社大学を創立する新島襄《にいじまじょう》はこの快風丸に乗船し、箱館まで行きその後渡米している。

質の悪い旧藩札を焼却「火中一件」

山田方谷は、藩の財政再建に際し藩札の信用回復を重視しました。改革の着手と同時に、それまで紙くず同然の扱いを受けていた旧藩札を新貨幣に交換するとの御触れを出します。

この際にも山田方谷の改革への決意を物語る有名なエピソードが残っています。事前に領内に御触れを出したうえで、大量の旧藩札（当時の松山藩財政支出の15パーセント強に当たります）を松山城下の高梁川の河原に積み上げ、多くの民衆が見ている前ですべて焼却したのです。記録によれば、午前8時頃から夕刻の4時頃までかけて全部焼却しています。

「火中一件」と呼ばれる悪貨焼却策ですが、このことで、藩政改革への山田方谷の決意が領民全員に一気に伝わったことでしょう。

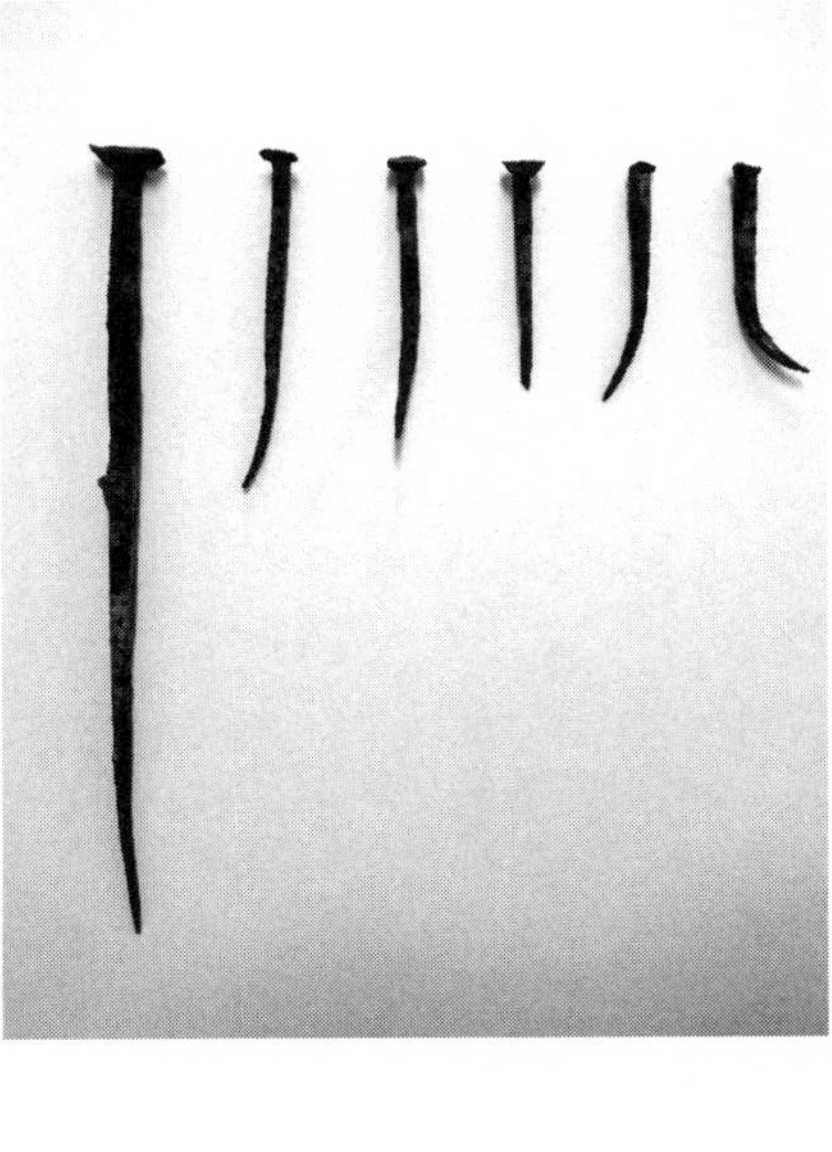

旧家に伝わった備中釘＝高梁市教育委員会提供

この悪貨焼却という方策は、財政難の中での実行ですからリスクも伴ったはずです。ただ、山田方谷は領民の藩札に対する不信感を払拭し、不安を取り除くためには、通貨の信用力を回復し、ひいては藩政への信頼を取り戻すことが最も重要だと考え、実行したのです。

1千兆円というGDPの2倍にも上る財政赤字を抱えながら、のうのうとしている現代日本の政治家、財政当局者も山田方谷の決意と実行力に見習うべきものがあると思います。

近代軍事戦術を導入した軍政改革

山田方谷は弘化4（1847）年、美作津山藩《みまさかつやま》（現・岡山県津山市）へ1カ月間出張し、津山藩の近代砲術を学びました。この出張には三島中洲も同行しています（この美作津山藩において、砲術・銃陣を学んだ山田方谷は美作津山藩の有志者に返礼として王陽明の『古本大学』を講じています。山田方谷が陽明学を講じた最初の記録です）。

この出張の際、山田方谷は「文事《ぶんじ》ある者は武備《ぶび》あり」（『史記』の一節）といって、小さな砲を枕替わりにして眠ったとのことです。方谷は帰藩後、さっそく大砲2門を鋳造し、西洋式砲術の訓練を開始します。

嘉永5（1852）年には、領内の村長・庄屋の家族のうち、身体壮健な者を選んで、銃術と剣術を習わせ、近代的な布陣（銃陣）を踏まえた、大がかりな訓練を行っています。山田方谷はこの隊を「里正隊《りせいたい》」と呼んでいます（里正とは庄屋のことです）。人口の8割を占める農民を軍の主体とし、近代的銃陣を採用した方式は、日本における近代軍隊・近代戦術のスタートといえるかもしれません。

また、安政《あんせい》2（1855）年には、津山藩から砲術の専門家を招き、岡山県玉島沖で水軍の砲術訓練を実施しています。先述した米国製の快風丸は、普段は貨物船として使用していますが、戦時には大砲を積んで軍艦として利用することもできました。

備中松山藩の軍事面での精強さは全国に轟《とどろ》くほどになりました。一説によると、里正隊1200名、正兵500名、予備兵300名、合計2千名の部隊構成で、しかもほぼ全員が最新式西洋銃を装備していました。後に幕府を倒すことになる長州藩の兵力が5千名程度でしたので、石高5万石の松山藩の軍事力がどれほどのものであったかが理解できるでしょう。

長州の奇才・久坂玄瑞の来訪

安政5（1858）年には、長州藩の久坂玄瑞《くさかげんずい》（1840〜64）が松山藩を訪ねてきます。久坂玄瑞は吉田松陰《しょういん》没後、その遺志を継ぎ長州藩勤皇《きんのう》派（幕府を倒し、天皇親政の実現を目指した政治グループ）のリーダーの一人となった人物ですが、松山藩で山田方谷が組織した農民を主体とする「里正隊」の実践的訓練を見学して驚愕します。

記録によれば、高梁川の河原で実施された里正隊の訓練を見た久坂玄瑞は、「長州の銃陣は備中松山藩にはとてもかなわない」と嘆いたといわれています。(3) 久坂玄瑞は強気な性格だったといわれますが、この感想は正直なものなのでしょう。

久坂玄瑞は訓練見学から得られた戦術面でのノウハウも含め長州藩に持ち帰りました。明治維新前夜の長州藩では、高杉晋作指揮のもと士庶混合の「奇兵隊」が組織されました。「散兵戦術」を駆使して、対幕府軍との第二次長州征討などで大活躍しますが、この「奇兵隊」の淵源《えんげん》を松山藩の「里正隊」に見ることができます。長州における「奇兵隊」の母体は久坂玄瑞自身が組織した「光明寺党」という組織であり、これが発展し

「奇兵隊」にまとめられたからです。

なお、安政5年から始まった大老井伊直弼《いいなおすけ》による弾圧「安政の大獄《たいごく》」で長州藩の吉田松陰は刑死しますが、幕府は吉田松陰の遺体をなかなか長州藩に引き渡さなかったようです。このとき、山田方谷は江戸屋敷に滞在していましたが、久坂玄瑞から「師吉田松陰の遺体を引き渡してほしい」との手紙を受け、遺体引き渡しに一役かっています。

元治《げんじ》元（1864）年6月、京都で新選組が尊攘派志士を襲撃した「池田屋事件」の報が長州藩に伝わり、藩内で京都進発の議論が高まります。翌7月、ついに長州藩は挙兵、禁門の変（蛤御門《はまぐりごもん》の変）が勃発します。久坂玄瑞は、諸隊とともに堺町御門で戦闘に参加しましたが、負傷し、その後鷹司《たかつかさ》邸内で自刃しています。享年25歳でした。

河井継之助の入門と心酔

安政6（1859）年、一人の長岡藩士が備中松山藩にやってきました。これが、幕末の北越《ほくえつ》戦争でガトリング砲を用いて新政府軍に抗戦したものの、最後は戦傷死することとなる河井継之助です。目的は山田方谷への入門でした。

河井継之助の入門は書物の学問ではなく、方谷の藩政改革の実際を見聞し、実地に基づいた指導を得ることでした。実際に彼は精力的に藩内を歩き、話を聞いています。河井継之助は「塵壺《ちりつぼ》」という日記をつけていましたが、7月21日のくだりには次のような記述があります。一部補足し、現代語で記述します。河井は、松山藩では庶民教育や人材登用が盛んなことに瞠目《どうもく》しています。

教諭所という学問所がある。町人がここに来て会読・輪講までやっている。山田（方谷）は西方《にしかた》の農民であり、（撫育方総裁の）林富太郎は玉島の商人、三島貞一郎（中洲）は他領の庄屋の子だ。林と三島は最近取り立てられた者だ。(4)

この「塵壺」を読むと、河井継之助は山田方谷のことを「山田」と呼び捨てにしているのが、方谷の教えに心酔していくにつれ「方谷先生」という記述に変わっていくことが読みとれます。河井継之助と山田方谷との間では、節約と文武の振興、富国強兵などについても幅広い論議がなされたようです。

河井継之助が方谷の門を辞し帰藩の途に就いたのは、翌年の万延《まんえん》元（1860）年3

三島中洲が撰した河井継之助の碑文＝長岡市提供

月でした。河井は、山田方谷から4両で譲ってもらった『王陽明全集』を荷物として旅立ちました。

河井は帰藩後すぐに、松山藩で学んだことをもとに藩政改革の意見書を提出します。慶応《けいおう》年間からはとくに財政の改革で大きな実績をあげ、河井はこれをもとに兵制の改革にも乗り出し、西洋式の装備を充実させました。これは、まさに方谷の改革を長岡で忠実になぞったといえます。

慶応4（1868）年の北越戦争で戦傷死する直前、河井は長岡藩出入りの人夫請負《にんぷうけおい》業松屋吉兵衛に、「汝、山田先生に逢わば、河井はこの場に至るまで、先生の教訓を守りたる旨伝言を頼む(5)」という遺言を残しています。享年42歳。

山田方谷は、戊辰戦争後に河井継之助の遺族が困窮していることを耳にし、もしよければ備中高梁までおいでにならないか、といった援助の申し出もしています。

明治になってから長岡に河井継之助の碑を建てるという話が起き、山田方谷は碑文を依頼されましたが、これを断っています。そして「河井家より蒼龍窟（継之助の号）の碑文を頼まれし時」という前書きを付して、次の句を残しました。

碑文《いしぶみ》をかくもはづかし死に後《おく》れ(6)

結局、河井継之助の碑文は山田方谷の弟子である三島中洲が撰し「故長岡藩総督河井君碑」として、現在長岡市悠久山に建っています（43ページ写真）。

（3）山田方谷の改革の評価

近代の国家戦略を網羅した総合力

山田方谷の改革の特徴は、まず、革新的であると同時に総合的であったことです。米沢藩における上杉鷹山の改革は、山田方谷とは時代背景が異なることもありますが、倹約による藩財政再建と殖産興業を組み合わせたものでした。

これに対し、山田方谷の改革は、藩財政の倹約に始まりますが、大坂蔵屋敷の撤廃による収納米の直売、藩札改札と悪貨焼却を同時に敢行、鉄・銅鉱山を開発し鉄・銅製品を大量に製造販売、階級を超えた教育振興、軍制改革と、近代における国家戦略の重要ポイントをほとんどすべて網羅したものになっています。

山田方谷が河井継之助との議論の中で、米沢藩の上杉鷹山の改革について聞かれ「財政再建、教育振興、軍事振興、富国強兵を並行して進めていくことが大事だ。とかく財政再建のみに重きをおくと、文武（軍事と教育）が疎かになる。真の富国強兵となっていない米沢藩は残念だ[7]」という趣旨の発言をした記録が残っていますが、方谷自身もかなりの自負があったのでしょう。江戸時代末期という時代を考えると驚嘆すべき企画力と実行力だと言えます。

マクロ経済的観点——景気浮揚効果を考慮した施策

山田方谷の改革の第二の特徴点は、マクロ経済的に見て景気に対する影響を十分考慮したものだったことです。山田方谷も当初、「衣服は上下ともに綿織物を用い、絹布の使用を禁ずる」とか「饗宴贈答はやむを得ざるほかは禁ずる」といった倹約令を出しています。松平定信の寛政の改革を引くまでもなく、江戸時代の「改革」にはこうした倹約令がつきものです。

しかしながらマクロ経済学的見地からすると、こうした倹約令は強力なデフレ効果（景気後退効果）をもたらします。「改革」が「不況」をもたらし、結果的に庶民が困窮するということも多かったのです。

事実、松平定信が実行した寛政の改革は、改革の初期から倹約令の発動に伴う不況が起きています。寛政の改革も事実上失敗し、任期半ばで松平定信は老中を追われます。定信の失脚について「それみたか　あまり倹約なすゆえに　思いがけなき　不時の退役」という川柳が残っています。水野忠邦《ただくに》（1794～1851）によって天保12（1841）年から始まった天保の改革も緊縮財政の強化のみに終始し、失敗に終わっています。

山田方谷はおそらく倹約令がもたらすデフレ効果に気づいていたのでしょう。倹約令を出しながら、工場を増設し、鉄製品・銅製品を増産し、海路を利用してそれらを上方や江戸で販売し、道路の拡張工事・河川の浚渫《しゅんせつ》工事を実施し、年貢の減免措置など、景気を浮揚させる政策を次々打ち出しています。

当時の藩は国家と見做すことができますから、現代の経済用語に直して考えてみましょう。

まず、山田方谷は高梁川の川辺に多くの鉄製品・銅製品の工場を建設しています。これは現代の経済用語でいうと「設備投資」にあたり、これを大規模に実施することで生産を拡充したということです。

景気後退（デフレ）的な政策

方谷の改革	改革の内容	マクロ経済用語に置換
倹約令	・衣服は綿織物を用い、絹布の使用を禁止 ・饗宴贈答はやむを得ざるほかは禁止	消費減退

景気拡大的な政策

方谷の改革	改革の内容	マクロ経済用語に置換
鉱山開発	鉱山の再整備	設備投資増加
鉄製品・銅製品工場建設	高梁川川辺に備中鍬や鉄釘の工場を多数建設	設備投資増加
鉄製品・銅製品の江戸などでの販売	備中鍬や鉄釘等の製品を大量生産し、海路を利用して上方や江戸などに輸送。藩外で大量販売	輸出増加
河川浚渫工事 道路拡張工事	・高梁川の浚渫工事を実施し船での輸送量を増大 ・玉島などへの道路の拡張工事を実施し、陸上での輸送量も増大 ・河川浚渫・道路拡張工事に伴い領民を労働者として雇用	公共事業増大 雇用増大
年貢減免措置	改革5年目から年貢減免措置を実施	減税実施
軍備整備・教育改革	・教育改革により農民の教育レベル引上げ ・農民主体の里正隊を整備 ・ほぼ全員に西洋式新式銃を付与	教育投資拡大 公共事業増大

また、この工場で生産した鉄製品・銅製品を、海路を利用して上方や江戸で大量に販売しています。これは、現代でいうと他国に比べ優れた製品を製造し、藩の外へ大量に「輸出」したということになるでしょう。

なお、輸送量の増大の前提として、河川の浚渫工事や道路の拡張工事を積極的に実施しています。これは現代でいうと「公共事業」を拡大したということに当たります。こうした工事を実施する際には、領民を雇用し工事に当たらせる必要が出てきますから、当然のことながら「雇用増大」につながるわけです。

さらに、改革5年目からは、年貢の減免措置を実施しています。これは現代なら「減税」を実施したと言い換えられます。

こうした、山田方谷の改革を景気後退的な政策と景気拡大的な政策に分類してみると、48ページの表のように、方谷の改革は全体として景気拡大的だったことがわかります。これが失敗に終わった寛政の改革や天保の改革との決定的な違いです。

こうした総合的施策により、松山藩の経済は順調な成長軌道に乗りました。山田方谷の改革が10年目にほぼ終了したときには、それまでの2万石弱の藩経済は実質20万石という巨大なものに成長していました。

軍制改革――長州藩奇兵隊への影響

さらに注目すべきは軍制改革です。明治維新前に活躍した長州藩の「奇兵隊」はとかく農民出身者が多かったということが特徴として記述されることが多く、それも重要ですが、本当の革新性は日本において「散兵戦術」を初めて実戦に取り入れたことです。

近代以前の戦闘では、密集隊形をとり、指揮官の命令で一斉に行動するというパターンが基本でした。ところが、19世紀になり銃火器の能力が飛躍的に高くなると、密集部隊は、銃火器の恰好の餌食になってしまいます。その代わりとして出てきたのは「散兵戦術」で敵の攻撃を避けるために散開して戦うのですが、それだけに兵士はある程度自分自身で状況を判断して行動する必要があります。

ドイツの哲学者であり、社会主義者のF・エンゲルスも指摘しているように、散兵戦術では、号令に基づいて反応する兵士では不十分で、自律的に思考し、状況判断能力をもつ兵士を大量に供給する必要があり、そのための教育水準の向上が必須なのです。

F・エンゲルス（1820〜95）は、ドイツの哲学者、経済学者、社会主義者。カール・マルクスとともにマルクス主義を創設した。前半生はヘーゲル哲学の影響を強く受けていたが、当時の英国の労働者階級の惨状を見聞きして、社会主義の考えを深めた。主著に『共産党宣言』（マルクスとの共著）、『空想より科学へ』などがある。

山田方谷の組織した里正隊は、農民主体の部隊であるというだけでなく、一定の教育水準をもった兵によって近代的な銃陣を初めて組織してみせたという意味で画期的なのです。農民に対する教育水準を高めることにより、一定の教育水準をもち、自分自身である程度判断して行動することもできる、農民主体の軍隊が誕生したのです。

薩長両藩も最後は軍事力によって倒幕を成し遂げましたが、明治維新前後の時代では、軍事力・軍制度のもつ意味が現代に比べて格段に大きいという視点を忘れてはいけません。

現実的改革者として――王陽明との共通点

山田方谷の思想を語る時、「至誠惻怛《しせいそくだつ》」という言葉がよく使われます。まごころと慈しむ心が大事だ、という言葉で、山田方谷が常に座右の銘としていたものです。こうした山田方谷の思想、姿勢が周囲を説得することに役立ち、改革を推進したことは間違いありません。

「至誠惻怛」の「至誠」とは誠実な真心を意味し、「惻怛」はいたみ悲しむ心を意味する。まごころ（至誠）といたみ悲しむ心（惻怛）があればやさしくなれる。目上には誠を尽くし、目下には慈しみをもって接するようにし、こうした気持ちをもって生きることが、人としての正しい道と考えること。王陽明（全集）の一節にある文言。
山田方谷が座右の銘としていた言葉であり、山田方谷から『王陽明全集』を譲り受けた長岡藩の河井継之助にも大きな影響を与えた言葉である。

ただ、山田方谷が実践した改革から見えてくるものは、徹底したリアリズムであり、綿密なサーベイ（調査）のうえに着々と改革を進める姿です。例えば、軍制改革というものは徹底した合理性をもち、現実を見つめることのできる人でないと実施できません。軍制改革は、戦争という実践において、良かれ悪しかれ結果が直ぐに出てしまうからです。

山田方谷が奉じた陽明学の開祖王陽明も、思想家であると同時に、実務に秀でた官吏であり、また匪賊《ひぞく》討伐や反乱鎮圧に明け暮れた軍略家でした。そういう意味で王陽明と山田方谷は、思想の底流にある仕事への向き合い方という点で、似通っている部分があるのかもしれません。

後述するように、明治維新後、大久保利通（1830〜78）が幕藩の家臣であった山田方谷を高く評価していたことがわかっています。大久保利通は明治維新の立役者の中では、実務にも強いリアリストでした。大久保は実務改革者としての山田方谷の力を大変高くかっていたということでしょう。

（4） 幕府瓦解と備中松山藩

徳川幕府最後の老中

備中松山藩主板倉勝静は、文久2（1862）年3月から元治元（1864）年6月までと、慶応元（1865）年10月から慶応3（1867）年12月までの2回、幕府の老中になり、対外政策を担当しました。2回目は老中首座として徳川幕府最後の宰相となりました。

山田方谷も藩主勝静に従って、江戸や京での勤務にいそしみ、開国問題で国論が二分するなかで、大変な苦悩・苦労を重ねていきました。この時代の山田方谷は総じてみると、主義主張をもちつつも、主体的に行動することが難しかったように見えます。

板倉勝静が老中に就いていた時代は幕末から明治維新までの激動の時期で、板倉勝静の補佐をしていた山田方谷も時代の激流には抗し切れなかったということでしょう。

慶応2（1866）年12月には、孝明天皇が崩御され、翌慶応3（1867）年1月には睦仁親王《むつひと》（明治天皇）が践祚《せんそ》されます。

10月には土佐藩が幕府に対して、朝廷に統治権を返上する「大政奉還」を建白し、十五代将軍徳川慶喜《よしのぶ》（1837〜1913）が大政奉還を願い出て許可されます。

12月にはこれまでの政治制度の廃止と新政府の組織を宣言する王政復古の大号令が出て、翌慶応4（1868）年1月に入ると、幕府軍と官軍の初戦である鳥羽伏見（現在の京都市伏見区など京都南郊）の戦いが始まります。

松山藩無血開城

藩主が幕府筆頭老中を務めていた備中松山藩には大きな逆風が吹くことになりました。勝静は大政奉還から旧幕府軍に同行し、松山城に戻ることなく箱館戦争に参加しています。

慶応4年1月11日には早くも新政府は岡山藩に松山藩追討の命令を下し、岡山藩兵が、この松山藩との藩境まで進撃してきました。岡山藩もかつては佐幕《さばく》派だったのですが、この直前に新政府側に転向しており、新政府に対して恭順の意を示す意味でも、松山藩攻撃が必要だったと考えられます。

松山藩内では、徹底抗戦か、降伏かで一時議論が割れましたが、結局山田方谷の決断もあり、無血開城に応じることとなりました。このとき岡山藩との交渉には三島中洲が当たっています。

当時、山田方谷が整備した松山藩の軍事面での精強さは知れわたっており、岡山藩が容易に開戦を決断できなかったことも、無血開城となった原因ともいわれています。軍制改革が最終的に「抑止力」として戦争を防いだということなのでしょう。

(1)山田琢・石川梅次郎『叢書・日本の思想家41 山田方谷・三島中洲』明徳出版社、1977年
(2)山田琢『シリーズ陽明学28 山田方谷』明徳出版社、2001年
(3)山田琢・石川梅次郎、前掲書
(4)安藤英男校注『塵壺 河井継之助日記』東洋文庫、1974年
(5)安藤英男編『河井継之助のすべて 新装版』新人物往来社、1997年

(6) 山田準編『山田方谷全集』第一冊、山田方谷全集刊行会、1951年
(7) 安藤英男校注、前掲書より要約

第2章

三島中洲——教育者・漢学塾二松学舎の創設者

（1）明治維新以前

山田方谷の私塾に入門

三島中洲《ちゅうしゅう》は天保元（1830）年、備中国窪屋郡《びっちゅうのくにくぼや》中島村（後の中洲町）、現在の岡山県倉敷市中島に生まれました。当時の倉敷は代官が治める天領《てんりょう》（幕府の直轄地）で、中洲の家は古くから庄屋を務めていました。三島中洲も山田方谷《ほうこく》同様に出身は農民だったのです。

中洲とは、三島が使っていた号（雅号）で、出身地の「中洲」から採っています。[1] これは実名とは別に詩や文章などを発表する際に添える名前で、現在のペンネームに当たります。また明治以前の日本では、身分の高い人や僧、学者などは実名に当たる諱《いみな》と、実名を忌避するための字《あざな》をもっていました。三島中洲の諱は毅《き》ですが、三島中洲に毅という名前をつけたのは師であった山田方谷です。本書では三島中洲という表記をします。

天保14（1843）年に三島広次郎、のちの三島中洲は14歳で山田方谷の私塾牛麓舎《ぎゅうろくしゃ》に入門します。三島中洲は11、12歳の頃に、方谷が13歳で詠んだ諸葛孔明《しょかつこうめい》（中国・三国時代の蜀で活躍した丞相、181〜234）に関する漢詩に触れ、強い感銘を受けたといわれています。

そしてそのことを母親に伝えたところ、「方谷先生はあなたの父と同門であった。平生父は、自分も跡取りでなかったならば学問に進みたかった、と語っていた」と教えられ、中洲も「自分は次男であるから是非父の望みを全うしたい」と願い、私塾牛麓舎に入塾することになったのでした。(2)

その後、三島中洲はめきめき頭角を現します。

牛麓舎の高い評価は近隣諸藩に知れわたっており、多くの塾生が集まってきました。その塾長を、嘉永元（1848）年、中洲はわずか19歳で任されるのです。今日では考えられないことですが、中洲はこの重責をしっかりと担いました。

藩政改革者・山田方谷は、文化2（1805）年の生まれであり、その活躍期はまさに幕末でした。その弟子筆頭である三島中洲は、幕末から明治維新、そして日本社会がその姿を大きく変えた明治期を生き抜き、その生は大正8（1919）年にまで及びました。
その中洲の思想的出発点ともいえるのが、嘉永5（1852）年から足掛け5年にわたった伊勢津藩への遊学でした。この遊学中には、黒船来航（1853年）という大事件も勃発し、時代は幕末から維新へと急速に変化していきます。

伊勢遊学と吉田松陰との出会い

三島中洲が師山田方谷から伊勢津藩への遊学を許されたのは、嘉永5（1852）年のことで、漢学者・斎藤拙堂《せつどう》の門に入りました。このころの津藩には他藩の士が多く来訪したため、そうした人々から情報を得、議論を交わすことも多くありました。

長州藩の吉田寅次郎（松陰《しょういん》）もそうした一人でした。中洲と松陰とは同じ天保元（1830）年の生まれです。中洲の死後にまとめられた雑録「三島中洲翁逸事」に、そのときのことが記されていますので、一部補足して紹介します。

余が津にて拙堂門〈斎藤塾〉にありし時、吉田松陰は大和の森田《もりた》節斎《せっさい》の処にありしが、去りて〈伊勢〉神宮参拝を致したるが拙堂翁を訪へり。拙堂翁余に話さるゝに今度吉田といふ人来り見えしが中々奇抜の者なり会ひて見よと、因《より》て〈友人の〉家里松島と同道してその宿を訪ひ一夕相語りたり。〈中略。世情が騒然としていた時期だったため、話題は〉時事談に入り、例の攘夷国防のこと、なりき。その中今も記憶することは、彼曰く、〈頼《らい》〉山陽《さんよう》は小船説（外人は大船を以てす、我は多くの小船を以てこれを取りまき、丁度鷹が多く聚《あつま》りて鶴を斃《たお》す様にす）なるが、先生の説は如何《いかが》とて拙堂先生に尋ねしに、先生は我も矢張《やは》り大船を以てせざるべからず〈大船で戦うしかない〉と答へられたり、自分もかねて山陽説に服せざりしに、今先生の考と暗合するを知り大《おおい》に安心せりと。(3)

いかにも兵学者の吉田松陰を彷彿とさせる逸話です。松陰は後日「草莽崛起《そうもうくっき》」（志をもった在野の人々が一斉に立ち上がって大きな物事を成し遂げる）という考えに基づき、農民や町人も参加する「奇兵隊」の構想を作りあげます。

また、この頃には将来明治初期に大審院（現在の最高裁判所）で一緒に勤務することになる玉乃《たまの》世履《せいり》（1825〜86）とも交流しています。この時期までの三島中洲は、朱子学から漢学に入った学問の徒でしたが、徐々に陽明学の文献等を読み下すなど、学風に少し変化が見られます。

ペリー司令長官が率いる黒船来航

三島中洲が伊勢に入った翌年の嘉永6（1853）年、米国の東インド艦隊司令長官ペリーが、旗艦サスケハナ号以下4隻の軍艦を率いて、浦賀沖（現・神奈川県横須賀市）に現れました。ペリーから米大統領フィルモアの国書を受け取った老中首座の阿部《あべ》正弘《まさひろ》（1819～57）は、国書を和訳すると全国の大名にこれを公開し、意見を求めています。

三島中洲は津藩の友人から誘われ、斎藤拙堂の了解を得たうえで、黒船を見に行っています。

とはいえ、このときの品川、横浜周辺の海岸は警備が厳重で、簡単に近づくことができません。困った彼らは、服装を人夫にやつして潜り込みました。ここで同じ姿で再会したのが吉田松陰でした。しかしこのときには、互いに目礼を交わしただけで別れたということです。

翌年、松陰が弟子とともに回航した黒船を下田まで追い、密航を企てながら受け入れられず、結局国元の野山獄に檻送されたことはよく知られているところです。

方谷の誘いを受け、備中松山藩へ

安政4（1857）年、山田方谷は三島中洲に手紙を送り、備中松山藩への出仕を誘います。江戸等への遊学を条件に中洲はこれを受け、松山藩の藩士となります。

津藩での遊学中、三島中洲は備中松山藩主・板倉勝静《かつきよ》に学制の改革を提言しています。藩主はこれを認め、中洲は、文久元（1861）年4月に松山藩に帰り、藩校の有終館《ゆうしゅうかん》会頭と吟味役に任ぜられます。このとき中洲が行った学制改革の眼目は、漢学に西洋の学術を兼修させることでした。実学としての洋学の必要性が急務となったことがわかります。

三島中洲は登用と同時に、藩主から松山城の登山口下に200坪の宅地を下賜《かし》されました。ここに家を建てて開いたのが虎口渓舎《こうけいしゃ》です。藩の人材育成の一翼を担おうという狙いもあったでしょうが、学問を大切に考える三島中洲にとって私塾の開設はごく自然の成り行きだったのかもしれません。三島中洲の教育者としての萌芽《ほうが》がみてとれます。

三島中洲には海外への留学経験はありません。オランダ語も英語も学んだ形跡はありません。しかし、だからといって中洲には洋学あるいは西欧文明に対するコンプレックスのようなものは、全くありませんでした。これは中洲に限らず、山田方谷門下の一つの特徴です。彼らは幕末にあっていち早く実学としての洋学の必要性を知り、軍事、経済にはその成果を積極的に取り入れていました。

備中松山藩では、米国製の「快風丸」を買い入れ、平時は交易に、有事には軍船として用いていました。軍制や交易については、山田方谷の方針もあって、洋学が大いに活用されました。藩の学制を改革して洋学を必修としたのは三島中洲です。

当時の三島中洲は後世の日本人が想像するよりもはるかに柔軟で闊達《かったつ》な思考をもっていました。それがよく表れているのが、「交易策」など一連の策論です。

三島中洲は、この「交易策」の中で、一方的に外国からの船を受け入れて交易しているだけでは日本人は不利を被るばかりなので、自らも大船を仕立てて中国、インド辺りまで交易に出るべきである、また日本の金銀交換比率は不利なので改めるべきである、と主張しています。さすがにこれは、未だ攘夷論が吹き荒れていた時局下では広く開陳することははばかられたようです。自ら行李《こうり》の底に秘して示さなかったといわれています。

幕末動乱の際の三島中洲

第十五代将軍徳川慶喜《よしのぶ》による大政奉還の翌年、慶応4（1868）年1月に、維新政府の命により岡山藩が備中松山藩征討を企図しました。すでに述べたように、岡山藩はもともと佐幕派でしたが、直前に維新政府派に藩の方向性を切り替えたばかりでした。岡山藩としても維新政府への忠誠が試されていたのです。

三島中洲はこの前年の9月に奉行《ぶぎょう》格となり洋学総裁兼務に昇進していました。このときの岡山藩との交渉に際しては、山田方谷の命により、副使として尽力しています。結果、松山城は無血開城を受け入れることとなりました。慶応4年1月18日のことでした。重ねてですが、山田方谷が整備した松山藩の強力な軍事力の存在が、交渉の成功に影響していたと思われます。

勝静は、箱館から帰還した後、明治2（1869）年8月終身禁固との裁定が下されます（のちに特赦《とくしゃ》により釈放）。山田方谷の尽力によって、松山藩は辛うじて家督存続が認められ高梁県と改名しました。

そのようななか、三島中洲は県参事の職を断り、虎口渓舎での教育に力を注いでいました。塾生は旧備中松山藩だけでなく備前一帯から集まり、学者、教育者としての三島中洲の存在感が増していきます。

一方、そのころの東京では、明治政府の重鎮、岩倉具視《いわくらともみ》（1825〜83）や木戸孝允《きどたかよし》（1833〜77）が山田方谷を明治政府に出仕させようと画策していました。木戸はかねてより山田方谷に私淑《ししゅく》しており、旧幕臣であったことを厭《いと》わず、明治政府の重要ポストを用意しようとしていたといわれます。

山田方谷の研究家で方谷の六代目の直系子孫でもある野島透氏（二松学舎評議員）によると、明治政府のリクルートは二度に及んでいます。

明治元（1868）年戊辰戦争の最中にもかかわらず、まず岩倉が方谷を会計局に抜擢しようと使者を送っています。

また、明治4（1871）年には木戸が川田剛を通して、明治政府への出仕を要望しましたが、方谷はすでに67歳を迎えており、これに応えることはありませんでした。

また、大久保利通に関するエピソードもあります。明治6（1873）年、旧松山藩を管轄していた小田県（岡山県西部と広島県東部）の権令《けんれい》矢野光儀が上京し、大久保に面談しました。大久保利通は「方谷を訪ねたか」と問いかけます。矢野が「まだです」と答えると、大久保は「小田県を治めなければならないのに山田翁に政治を問わないで何ができるか」と一喝しました。この直後矢野は方谷を訪ね、小田県の政策についてアドバイスを受けています。

かつての敵方の山田方谷を明治政府のトップ3人が極めて高く評価していたことは、山田方谷の改革の評価がいかに高かったかということの証だと考えるべきでしょう。

（2）裁判官・法学者としての三島中洲

――司法省への出仕命令

三島中洲に司法省への出仕の徴命が下されたのは、明治5（1872）年7月のことでした。三島中洲は8月には上京、9月13日には司法省七等で出仕しています。かつてよりの知人であった玉乃世履（初代大審院長《だいしんいんちょう》）の推薦もありました。同じ年の3月には、朝敵扱いされていた旧藩主の勝静親子に正式な赦免《しゃめん》が行われていることも影響していると思われますが、師山田方谷から出仕を強く勧められたことが大きかったと想像されます。

また、三島中洲としても、出仕が、旧備中松山藩としても自分自身としても、幕末に政治的な駆け引きに敗れ、心ならずも被せられた汚名を雪《すす》ぐことになると考えたものと思われます。

三島中洲は11月に東京裁判所勤務を命じられました。司法卿の江藤新平（1834〜74）は、廃藩置県が行われた明治4（1871）年の12月に東京裁判所を設置しました。これを嚆矢《こうし》として明治5（1872）年の8月には神奈川、埼玉、入間、足柄、木更津、新治《にいはり》、栃木、茨城、印旛、群馬、宇都宮、続いて9月には兵庫、京都、大阪、静岡、浜松、額田《ぬかた》、滋賀、三重、愛知に裁判所を設置しています。

司法（裁判）制度は近代国家体制の基礎です。明治新政府は、欧米諸国と結んだ不平等条約の早期改正を図る目的もあって、司法（裁判）制度の整備を急ぎました。この時点では憲法はおろか刑法も民法もありません。しかし幕末からの大規模な社会変動を反映して、全国の地方政府には膨大な訴訟が持ち込まれていました。

三島中洲は明治6（1873）年3月、司法権少判事に任じられました。当初、神奈川の足柄裁判所に辞令が出ましたが、出発前に変更となり、5月に新治裁判所長となります。

法律が整備されていないこの時期の司法現場でも、任命された判事は判決を下さねばなりません。

新治県は現在の茨城県から千葉県にまたがる地域で、裁判所は土浦（現在の水戸地方裁判所土浦支部）にありました。常陸《ひたち》の国は古来「健訟《けんしょう》の地」（訴訟が盛んな地）と言われ、幕末から維新にかけての懸案が滞っていて、その処理はとくに大変であったといわれています。ここで中洲は、わずかに2年の間に100件以上の訴訟を裁いています。

二人のフランス人から直接講義

この時期、三島中洲は法体系を精力的に学んでいます。「フランス民法典」（いわゆるナポレオン法典）や明治政府が策定した「新律綱領《しんりつこうりょう》」等の刑法典を熟読しています。

また、明治5（1872）年にブスケ（フランスの弁護士、1846〜1937）、翌年にボアソナード（フランス・パリ大学教授、1825〜1910）が来日していましたので、彼らがもたらしたフランスの西欧法関連の情報も貪欲に学んでいます。通訳を介してといわれていますが、ブスケからはフランス商法について、ボアソナードからはフランス・オランダ・スペインの法について直接の講義を受けています。

一説によると、ブスケ、ボアソナード講義関連の記録が詳細かつ具体的なので、三島中洲はある程度フランス語を理解していたのではという話があるほどです(4)。こうした集中的な研鑽《けんさん》に加え、三島中洲自身の合理的判断力ひいては人間力により裁判を進めていったのでしょう。

民法典編纂とボアソナード

明治政府は、明治3（1870）年から民法典編纂に着手しています。フランスでも高名だった民法学者のボアソナードが日本に招かれたのは、主として民法典編纂を推進するためでした。三島中洲も民法典編纂事業に参画し、民法で使用する法律用語を収集し整理する仕事に就いています。このときに編纂された民法関係語彙は、明治19（1886）年『民法語彙稿本』として発刊されています。また、三島中洲自身、「民法仮法則」という民法草案も作成しています。[5]

ボアソナードが心血を注いだ旧民法典は公布されたものの、3年にわたる法典論争の末、施行されませんでした。ボアソナードは失意のうちに明治27（1894）年離日します。民法典草案のみならず、刑法案も策定し、日本と西欧との不平等条約解消にも尽力した功績は極めて大きいものがあります。

ボアソナード離日の際、三島中洲はかつての恩師に対し、長詩「送㆔法律博士慕氏帰㆓仏国㆒」[6]を献じました。この長詩の中で、三島中洲は、ボアソナードを日本に儒学をもたらした王仁《わに》[7]にたとえ、最大限の尊敬の念を表しています。

司法省を退官

明治8（1875）年4月、三島中洲は東京裁判所勤務の辞令を受けました。そして5月、大審院が設置され、中洲は翌9年2月に大審院民事課に転任します。この月、汽船衛突訴訟の臨時裁判のために大審院に7人の判事が特選されると、中洲もその一員となっています。

けれども、明治10（1877）年6月、中洲は判事を退職します。他の同僚にも退職や異動が多くありましたが、これは司法省にとどまりませんでした。高給をとっていた外国人教師なども、この時期に多くが辞めています。同年に勃発した西南戦争による出費が膨大となり、役人の減給が必要になったことが、その主因と考えられています。

三島中洲は二松学舎創設のあとも民法典関連の仕事を続けています。明治21（1888）年、大審院検事（現代の検事ではなく司法省の立法担当官）に任命され、かねてより携わっていた民法で使用する語句の再検討を行っています。同年8月には、司法省の依頼で、熱海に避暑しつつ民法草案を修正した記録が残っていますが、司法省の法律取調委員会の仕事だったと考えられます。(8)

三島中洲は、明治10年まで裁判官職として、その後、立法担当官（大審院検事）として法実務に携わりました。中洲自身、江戸時代から明治の近代国家へと歴史的な変革を遂げた時期を生きてきました。新旧体制で最も異なったことの一つは、法体系です。

三島中洲は洋学者ではなく、ましてやフランス法学者ではありませんでしたが、フランス民法やその背景にある自然法を理解し、分析し、理論を構築する能力を司法省の数々の仕事で十分に発揮しています。漢学者としての中洲は法学者としても一流でした。また、三島中洲はフランス民法等の調査・研究を通じて、法律の背後にある資本主義的な経済活動や思想にも知悉《ちしつ》したものと考えられます。三島中洲の法学者としての幅広い活動については、今後更に研究が進むことを期待したいと思います。

(3) 二松学舎の創設

「漢学再興ノ為メ」二松学舎の創設

明治10(1877)年10月10日、三島中洲は二松学舎を創設します。中洲はこの際の経緯と決意を晩年、渋沢栄一に学舎の将来を託してあてた手紙の中に記しています。

政府ノ御仕法《ごしほう》ニテ大審院判事尽《つ》ク廃官ト相成《あいなり》、小生モ浪人無職ノモノト相成、熟考スルニ諸藩世禄《せろく》ト違ヒ、自活ノ計ヲ為サザル可ラズ、又世間ヲ顧レバ、洋学盛行漢学絶滅セントスルヲ慨《がい》シ、一ハ漢学再興ノ為メ、一ハ自活ノ為メ、二百円ノ涙金《なみだきん》ヲ以テ邸内ニ小学舎ヲ建テ、背水ノ陣ニテ開業致候、(9)（以下略）

一つの理由は自活のためであったとしつつ、「漢学絶滅」という言葉の中に当時の深刻な危機意識を滲《にじ》ませています。ではなぜ中洲は、漢学が絶滅してはならないと考えたのでしょう。

三島中洲自身、漢学という学問を深く学ぶことによって、論理的な思考力を身につけ、人間として生きる道を知ることができたという経験をもっていました。漢学によって培われた論理力、文章力を踏まえて、自身がフランス民法やその背後にある経済活動の在り方まで十分理解できたという自信があったのでしょう。

自分自身の体験を踏まえ、当時日本人のバックボーンとなっていた漢学をしっかりと身につけ、そのうえで西洋文明の優れた部分を吸収する。そして、それを日本社会に定着させる過程を工夫する。その目的を達するためにこそ、漢学を正しく教授する教育機関が必要だと三島中洲は考えたのだと思われます。

「洋学盛行」「漢学絶滅」といっても、三島中洲には洋学を排する気持ちも必要性もまったくありませんでした。むしろ彼我の文明を比較して、足りないところがあればそれを吸収するのは当然であるという考えでした。これは、裁判官時代、大審院検事時代にフランスを中心とした西欧の法体系を精力的に吸収し、自分自身の法理論をもったうえで、法体系の整備に尽くしたことからも、うかがえるところです。

(4) 二松学舎創設期の門人

三島中洲が創設したばかりの二松学舎に学んだのは次のような人々でした。

嘉納治五郎――日本オリンピックの父

嘉納治五郎《かのうじごろう》(1860〜1938)の生涯については、2019年のNHK大河ドラマ「いだてん〜東京オリムピック噺《ばなし》〜」で詳細に描かれたところです。

日本武道館は昭和39(1964)年、柔道が初めてオリンピック競技種目となった東京オリンピックの競技会場として開館しました。その柔道の創始者である嘉納治五郎は、明治11（1878）年、開塾したばかりの二松学舎で学んだ一人です。アジア初のオリンピックが東京で開催されてから57年。2020年東京オリンピック・パラリンピック（2021年開催予定）で日本は再び世界の注目を浴びることになりますが、「柔道の父」「日本オリンピックの父」と称される嘉納治五郎の本質は、教育者であることでした。

嘉納治五郎は、万延元（1860）年に摂津国御影村（現・兵庫県神戸市）の裕福な商家（「灘の生一本」として有名な菊正宗の廻船問屋）の三男として生まれました。満10歳の時、明治政府に招聘《しょうへい》され上京していた父親のもとへ上ります。教育熱心な父の影響もあり、治五郎は漢学や書道を学ぶ私塾のほか、上京後は英語やドイツ語、数学などを学ぶ私塾に通い学問に励みます。

15歳で官立東京開成学校（のちに東京医学校と統合し、東京大学）に入学、19歳のときに二松学舎にも入塾し、三島中洲から漢学等を学びました。昼は大学に通い、夜は漢学修業をしていました。嘉納治五郎は当時のことを、漢学修業が最も力がついた時代だと振り返っています。

身体の小さかった嘉納治五郎は、腕力の強い先輩に見下され悔しい思いをしたことから、身体を鍛えるために「柔術」への興味を深めます。「学科の上では他人におくれをとるようなことはなかったけれども、（中略）きわめて虚弱なからだであって、肉体的にはたいていの人に劣っていた。それゆえ、往々他から軽んぜられた。（中略）幼少の時から、日本に柔術というものがあり、それはたとえ非力なものでも大力に勝てる方法であるときいていたので、ぜひこの柔術を学ぼうと考えた(10)」とし、学問に励む一方で道場にも熱心に通うようになります。

そんななか、柔術が身体だけでなく、精神の安定にも非常に有効であること

嘉納治五郎＝
写真・朝日新聞社

を自覚したといいます。そこで、これは自分だけのものにするのではなく、広く誰にでもやれるようになった方が良く、国民みんなに分かち合うべきものだと考えるようになります。

繰り返し練習して「身体で覚える」というそれまでのスタイルではなく、新しい時代にふさわしいものを作る必要があると考えた治五郎は、具体的には「作り」と「掛け」で「心身の力を最も有効に使用する」独自の理論を確立し、明治15（1882）年5月、講道館柔道を永昌寺（東京台東区の浄土宗の寺）において創始します。

自身が開発した方法を、実践と座学で教え始めると、「講道館では、小さい者が大きな者を投げ飛ばしている」と評判になります。都内の若者が学んだことを、彼らが地方に帰ってから広めたため、創設当初、数人しかいなかった門弟が急速に増加しました。

嘉納治五郎はその生涯の中で、二松学舎関係者と不思議な縁を結んでいます。二松学舎に学んだ翌年には、のちに舎長となる渋沢栄一の依頼で、来日中のグラント前米国大統領の前で柔術の演武を披露しています。当時の渋沢は条約改正を睨んで民間外交の重要性を感じており、この前大統領の接待には大変な熱意を傾けて日本文化の紹介に努めました。なかでもこの柔術の演武は、軍人でもあったグラントの関心を強く惹いたようです。

英語などの語学にも堪能だった嘉納治五郎は、柔道の手法を文章化し国外にも広く伝えていきます。その後、柔道で最も大切なことは「精力善用」（心身の力を最大限に効率的に使い、社会に対して善い方向に用いる）や「自他共栄」（相手を敬い他人とともに栄えある世の中にしよう）であるという理念にまで高めていきますが、社会を良くするために力を尽くしたいとするその思いは、嘉納治五郎の教育家としての本質でもあります。

講道館柔道を立ち上げるのとほぼ同時期に嘉納治五郎は、学習院に奉職し、教頭職を務めます。その後、文部省に転じますが、明治26（1893）年からは東京高等師範学校（現・筑波大学）校長を20年以上の長きにわたり務めることとなります。

大正5（1916）年、東京高等師範学校の生徒全員を講堂に集め、「自分は、若いとき大学を出て、総理大臣になろうか、それとも千万長者になろうかと考えた。（中略）かけがえのないこの生涯をささげて悔いなきものは、教育をおいてほかに考えられない、という結論に達して、教育に向った」[11]と語ったといいます。その言葉通り、生涯を通じて日本の学校教育の充実に尽力した嘉納治五郎ですが、「自他共栄」の理念を実践すべく、中国（当時の清）からの留学生を国費で初めて受け入れ、隣国の発展のためにも力を注ぎました。留学生には、中国の文学者で思想家の魯迅《ろじん》（1881～1936）をはじめ、近代中国の学術界を担うことになった人物も少なくありませんでした。

明治42（1909）年、嘉納治五郎はアジアで最初の国際オリンピック委員（IOC委員）になります。自ら各国を飛び回り、柔道の理論と実践を広めていた治五郎は、欧米でも講道館柔道の創始者としてよく知られた存在でした。

大正元（1912）年、第5回オリンピック・ストックホルム大会に日本は初参加し、嘉納治五郎は団長として同行します。国を超えて人々が祭典に参加する様を見た嘉納治五郎は、やがて日本での開催を主張するようになります。

その根拠には、次の二点がありました。一つにオリンピックはこれまで欧米だけでしか開催されてこなかったため、アジアの日本で開催することで、本当の世界のオリンピックになるというものです。また二つ目に、政治や人種、国家の事情に左右されないのが、オリンピック精神のはずだとも訴えました。

日本国内でも、オリンピックムーブメントが起き、第12回オリンピック夏季大会と、翌年の第5回冬季札幌開催の決定に向けて、嘉納治五郎は奔走します。昭和13（1938）年にエジプトのカイロでのIOC総会に出席した嘉納治五郎は、開催地についての最終承諾を得るという重責を果たしながら、帰途についた氷川丸船中で肺炎のため急逝。その後、第二次世界大戦の影響もあり、東京・札幌の開催は返上され、幻のオリンピックとなりました。

嘉納治五郎は、近代五輪を復興させたクーベルタン男爵が唱えたオリンピック観の「自己を知る、自己を律する、自己に打ち克つ、これこそがアスリートの義務であり、最も大切なことである」に自らの理念である「自他共栄」を入れるように主張したといわれています。オリンピックを巡る活動においても、国を越え、相互に交流を深め共に栄えていこうと主張した治五郎は、柔道をはじめ日本スポーツの道を切り拓いた先駆者であるとともに、真にグローバルな感覚をもちえた教育者であったといえるでしょう。

例えば、嘉納治五郎の精神はフランス柔道界にしっかりと受け継がれています。日本の柔道競技人口は約15万人ですがフランスは約55万人。フランスでは、教会、図書館、パン屋と同じように、小さな村にも道場があり、その数は5700にのぼります。そして各道場に嘉納治五郎の写真が飾ってあるそうです。ともすると日本よりフランスの方が、嘉納治五郎の名前も顔も有名で、大変尊敬されているそうです。

フランスでは黒帯を与えられると道場を開き、職として教えることができますが、大切な柔道の「価値」＝コードモラル（Code moral）として、八つの行動規範が定められています。コードモラルは、「友情」「勇気」「謙虚」「名誉」「自制」「礼儀」など、漢字で表記もされ意味を詳しく説明しているそうです。嘉納治五郎の精神がこのように欧州で花開いているのです。

夏目漱石――明治の文豪

夏目漱石（本名は夏目金之助）は、慶応3（1867）年江戸牛込馬場下横町（現在の新宿区喜久井町1番地）に5男3女の末っ子として生まれました。幼い頃は、里子に出されるなど、夏目家の家庭問題などから不安定な生活を送っています。小学校は、わざわざ市ヶ谷から神田の錦華小学校に転校しています。これは東京府第一中学（のちの府立一中、現・日比谷高校）への入学が目的でした。

ところがこの正則科に入学してみると、大学予備門の受験に必要な英語の授業が行われていないため、改めて英語塾に通わなければならないことがわかります。当時の漱石はそもそも西洋のものは肌に合わず、漢詩や漢文が大好きという少年でしたから、2年ほどでここを勝手にやめてしまい、二松学舎に入学するのです。のちに当時のことを、こう回想しています。

三島中洲先生の二松学舎へ転じたのであるが、其時《そのとき》分此処《ここ》に居《い》て今知られて居《い》る人は京都大学の田島錦治、井上密などで、この間の戦争に露西亜《ロシア》へ捕虜になって行った内務省の小城なども居《お》ったと思う。学舎の如《ごと》きは実に不完全なもので、講堂などの汚《きた》なさと来たら今の人には迚《とて》も想像出来《でき》ない程だった。真黒になった腸《はらわた》の出た畳《たたみ》が敷いてあって机などは更にない。其処《そこ》へ順序もなく座り込んで講義を聞くのであっ

夏目漱石＝二松学舎蔵

たが、輪講の時などは恰度《ちょうど》カルタでも取る様な工合《ぐあい》にしてやったものである。輪講の順番を定めるには、竹筒《たけづつぽ》の中へ細長い札の入《い》って居るのを振って、生徒は其中《そのなか》から一本宛《ずつ》抜いてそれに書いてある番号で定《き》めたものであるが、其《その》番号は単に一二三とは書いてなくて、一東、二冬、三江、四支、五微、六魚、七虞、八斉、九佳、十灰と云《い》った様に何処迄《どこまで》も漢学的であった。中には一、二、三の数字を抜いて唯東、冬、江と韻許《いんばか》り書いてあるのもあって、虞を取れば七番、微を取れば五番と云《い》うことが直《す》ぐに分るのだから、それで定《き》めるのもあった。講義は朝の六時か七時頃から始めるので、往昔《むかし》の寺子屋を其儘《そのまま》、学校らしい処などはちっともなかったが、其頃《そのころ》は又《また》寄宿料等も極《きわ》めて廉《やす》く——僕は家から通って居《い》たけれど——慥《たし》か一カ月二円位だったと覚えて居《い》る。

元来僕は漢学が好で随分興味を有《も》って漢籍は沢山《たくさん》読んだものである。今は英文学などをやって居《い》るが、其頃《そのころ》は英語と来たら大嫌《だいきら》いで手に取るのも厭《いや》な様な気がした。兄が英語をやって居《い》たから家では少し宛《ずつ》教えられたけれど、教える兄は疳癪持《かんしゃくもち》、教わる僕は大嫌いと来て居《い》るから到底《とうてい》長く続く筈《はず》もなく、ナショナルの二位でお終《しま》いになって了《しま》ったが、考えて見ると漢籍許《ばか》り読んでこの文明開化の世の中に漢学者になった処が仕方なし、別に之《これ》と云《い》う目的があった訳でもなかったけれど、此儘《このまま》で過ごすのは充《つま》らないと思う処から、兎《と》に角《かく》大学へ入って何か勉強しようと決心した。[12]

当時二松学舎の教育課程は三級に分かれ、各級は三課に分けられていました。漱石は明治14（1881）年に入学したとき、第三級第三課・第二課を飛びこえて、第三級第

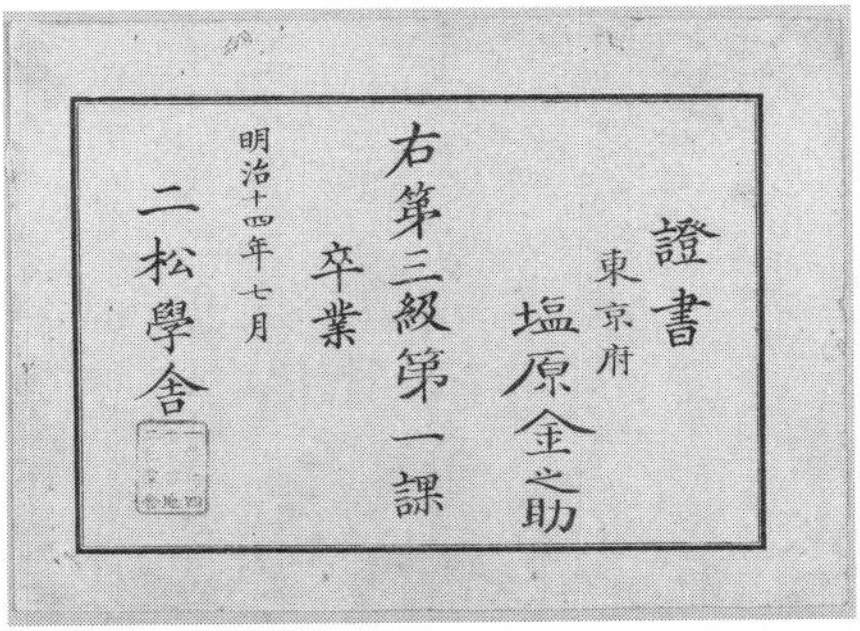
證書
東京府
塩原金之助
右第三級第一課
卒業
明治十四年七月
二松學舍

證書
東京府
塩原金之助
右第二級第三課
卒業
明治十四年十一月
二松學舍

夏目漱石卒業証書。上写真「第三級第一課証書」、下写真「第二級第三課証書」＝県立神奈川近代文学館蔵

一課からスタートしていますが、彼は「明治十四年七月、第三級第一課卒業」、「明治十四年十一月、第二級第三課卒業」（87ページの写真2点）という二枚の証書を受け取っています。極めて優秀だったと推察されます。また、漱石の小説における儒教的倫理観や東洋的美意識なども、二松学舎で磨かれていったものと考えられます。

漱石が二松学舎に入った理由の一つに漱石の母の死が関係しているという説もあります。ドイツ文学者で漱石の門下生だった小宮豊隆《こみやとよたか》（1884～1966）は、「漱石が、中学をやめたあとで、一時二松学舎に這入《はい》ったのには、漱石の母の死が、あずかって力があったのかも知れない。漱石はあるいはそのため世の無常を感じ、『立派な人間になって世間に出』ようとあくせくするよりも、自分の好きなことをして一生を暮す方が、遥に良いことであるというような心持に、一時的にでも、なったものかも知れない(13)」という記述をしています。

漱石の漢詩、漢文好きは筋金入りで、明治22（1889）年、23歳の時には「木屑録《ぼくせつろく》」という漢文紀行を著しています。これはこの頃親しい友人となった正岡子規に読ませるために書いたもので、この年の夏に数人の仲間と出かけた房総旅行での見聞を記したものです。これは数千字におよぶ漢文の長編です。「木屑録」について、作家の故半藤一利氏は次のように話しています。

「木屑録」は、現在の漢学者の評価も高い。あの若さであれほどの漢詩を作ることができるのは、漢学塾二松学舎で徹底的に学んだからですね。（中略）晩年は、午前中だけ執筆作業をして、午後は漢詩作りを楽しみとしていました。亡くなる間際まで漢詩を作っていましたから、本当に好きだったんですね。(14)

なお、二松学舎大学では創立140周年を記念して、夏目漱石のアンドロイド「漱石アンドロイド」を制作し、二松学舎大学・同附属中高での朗読授業やシンポジウム等で活用しています。詳しくはエピローグをご覧ください。

池辺三山――日本近代を代表するジャーナリスト

「吾輩は猫である」「坊っちゃん」「草枕」などを次々発表し、小説家として名声を博していた漱石は、明治40（1907）年、出世を約束されていた東京帝国大学教授を辞し、朝日新聞社に入社して創作に専念することになります。

その後、「虞美人草《ぐびじんそう》」から「明暗」に至るまで数々の名作を朝日新聞紙面に発表していきます。漱石が朝日新聞社に入っていなければ、これらの名作は生まれなかったと言っても過言ではありません。そして、漱石を朝日新聞社に引き抜き、小説家漱石をプロデュースしたともいえるのが、二松学舎の卒業生で東京朝日新聞社の主筆として活躍した日本近代を代表するジャーナリスト池辺三山《いけべさんざん》（吉太郎、1864〜1912）でした。

池辺三山は漱石と同じ明治14（1881）年、二松学舎に入塾し、漱石と机を並べています。この池辺三山の存在があったからこそ、漱石は先に話のあった読売新聞社を断り、朝日新聞社に入社を決意したのです。

池辺三山の実家は、熊本藩細川家の譜代藩士でした。父親の吉十郎は明治10（1877）年に西南戦争が勃発すると西郷軍に呼応して熊本隊を率いますが、官軍に捕えられ長崎で斬首されます。遺体が返されたときには、賊軍であるにもかかわらず地元で手厚く葬られました。熊本では今日でも、池辺といえば三山ではなく吉十郎が知られているほどです。とはいえ、大黒柱の父親を失ったのですから、一家の生活は苦しいものとなりました。

それでも池辺三山は苦学して学問を続けていたところ、当時政治小説「佳人之奇遇《かじんのきぐう》」で知られる東海散士《とうかいさんし》（1852〜1922）らに招かれて上京し、「経済評論」などの編集スタッフとなります。若くして多くの社論を執筆し、当時から思想家の中江兆民《なかえちょうみん》（1847〜1901）などにも評価されていたということです。

池辺三山の名を世間に知らしめたのは、細川家の世子・護成に随行して渡仏し、そのかたわらヨーロッパにおける日清戦争の反応を取材した「巴里《ぱり》通信」です。これが新聞「日本」に連載されると、ジャーナリストや知識人の大いに注目するところとなり、国際派ジャーナリストの名声を高めます。

明治28（1895）年に帰国すると、翌29年には大阪朝日新聞と契約。その後東京朝日新聞の主筆に就任します。大阪では大新聞の地位を築いていた朝日も、この当時東京では弱小新聞でした。その評価を一気に高めたのが池辺三山の社説です。

その池辺三山にとっても、漱石と交わした専属契約は大きな手柄でした。期待にたがわず、漱石がヒットを連発したからです。しかしこうした社外評の高さは時に勤め人の命取りになりますが、池辺三山の場合も同様でした。

朝日新聞で漱石が主宰していた文芸欄の実務担当は、平塚らいてうとの心中未遂事件を起こした森田草平（1881〜1949）でした。漱石が胃病で休みがちだった時期に、連載小説の書き手に行き詰まった森田は、自身のデビュー作「煤煙《ばいえん》」の続編ともいえる「自叙伝」を連載します。しかし、すでに賞味期限が切れた話題の蒸し返しに世間の評判は散々でした。

社内の評議員会でも内容が不道徳との声があがりました。この話は、漱石の指導のもとで小宮豊隆と森田草平が実務を運営していた文芸欄自体を廃止すべきとの議論に発展していきます。政治部長の弓削田精一《ゆげたせいいち》が文芸欄廃止論の急先鋒でした。池辺三山はこれに反対し、森田草平と文芸欄を擁護しています。両者の確執は高まり、最後は朝日新聞社長の村山龍平が大阪から上京し、池辺三山と弓削田精一両者が辞表を提出する形で決着することになりました。

池辺三山は、明治44（1911）年10月3日に病床にあった漱石を訪れ、辞職になった旨を伝えます。三山に誘われて入社した漱石ですし、しかも直接の原因が自分の主宰する文芸欄ですから、続いて辞意を表明しようとしました。しかし、三山はこれを止めるよう説得し、漱石も退社の件については翻意しました。この数週間後、漱石は自ら朝日新聞の評議員会で文芸欄の廃止を提案し、可決されています。10月25日の漱石の書簡には「池辺君が退社したについてあるいは自分も（朝日新聞社を）出ようかと考えた」[15]との記載があります。

その4カ月後に池辺三山は急死します。池辺三山はひと月前に亡くなった母親のために一切の肉食を絶ったことから脚気を悪化させ、最後は心臓まひで亡くなったのです。

漱石は、この前年にまだ幼かった末娘の雛子を失っていましたから、打ち続く死は大きな打撃となりました。この年刊行された『彼岸過迄《ひがんすぎまで》』には、「亡児雛子と亡友三山の霊に捧ぐ」という献辞が呈されています。

池辺三山＝
写真・朝日新聞社

犬養毅――総理就任も五・一五事件で斃《たお》れる

明治23（1890）年の第1回衆議院議員総選挙に当選し、42年間で19回連続当選という、尾崎行雄（咢堂、1858～1954）に次ぐ記録をもつ犬養毅《いぬかいつよし》（木堂、1855～1932）は、二松学舎と共慣義塾《きょうかん》を経て慶応義塾に学んでいます。犬養は、備中国賀陽郡《かようぐん》庭瀬村《にわせ》（現・岡山市）の大庄屋の次男として生まれました。同郷の先輩に川田甕江《おうこう》がいたことから、明治漢学界で盛名を馳せていた安井息軒《そくけん》（1799～1876）に憧れ、上京します。職業人としてのスタートは、郵便報知新聞、秋田日報、朝野《ちょうや》新聞などの記者でした。明治15（1882）年に大隈重信の立憲改進党に入党。明治31（1898）年の第1次大隈内閣では尾崎行雄の後を受けて文部大臣となります。

また、第3次桂内閣打倒に奔走し、尾崎行雄とともに「憲政の神様」と呼ばれました。彼自身は小政党を率いることに限界を感じ、一時政界から引退しますが、支持者はこれを許しませんでした。やがて、政友会総裁の田中義一《ぎいち》の死や若槻内閣の崩壊により、76歳という高齢で内閣総理大臣に就任します。

昭和6（1931）年、世界恐慌や満州事変など国政が困難をきわめた時期の就任でした。大蔵大臣には高橋是《これ》清《きよ》を起用し、金輸出再禁止など積極財政をとって不況対策に努めました。犬養は、満州事変の解決と陸軍の暴走を阻止するために軍との軋轢《あつれき》をかまわず様々な活動を行います。

翌昭和7年5月15日、犬養は休日のこの日を総理官邸で過ごしていました。そこに夕方5時半、海軍の青年将校と陸軍の士官候補生の一団が乱入してきます。犬養は少しも慌てず、将校たちを応接室に案内しました。その直後、ピストルの音が響き、息子の健が駆け

犬養毅＝
写真・朝日新聞社

つけると、犬養は「あんな近いところから撃ってたった2発しか当たらんとは、兵隊の訓練もなっとらんな」と言い、「いま撃った男を連れてこい。よく話してきかせるから」とはっきり命じたと伝えられています。当時の新聞では、絶命は午後11時26分と報道されました。

この五・一五事件は、昭和史の転換点となったと言われますが、三上卓《たく》や山岸宏ら犯人の多くは重罪に問われることなく数年後には釈放され、軍部でも優遇された地位につきます。政治家たちはテロを恐れるあまり、軍に反対する言動を差し控えるようになります。ここから日本は軍閥政治に向かい、最終的には昭和20（1945）年夏の敗戦を迎えるのです。

――平塚らいてう――女性解放への道を拓いた才女

平塚らいてう（1886〜1971）は、明治19（1886）年2月東京市麴町区三番町に、ドイツ語の堪能な役人の父親と由緒ある医師の家で育った母親の三女として生まれました。本名は明《はる》。自伝『わたくしの歩いた道』によれば、幼いころは東京招魂社《しょうこんしゃ》（靖国神社）や半蔵濠周辺で遊んだとの記述があり、生家は二松学舎の近隣でした。

平塚らいてうと漱石の弟子であった森田草平が、那須塩原温泉で心中未遂事件を起こしたのは、明治41（1908）年のことです。その後森田はこの経験を「煤煙」という小説に昇華させ、作家としてデビューします。

『二松学舎百年史』には、平塚らいてうの二松学舎時代の想い出が掲載されています。

私は明治三十八年ごろから座禅をはじめました。禅を修行するために語録

平塚らいてう＝個人蔵

を読んだりすることに困りますので、それで漢文を勉強したいと思っておりました。明治三十九年、津田英学塾に入りましてそこに通うようになったのですが、英学塾は五番町にあり、二松学舎は三番町にありまして道順もよいから、二松学舎に伺うようになったわけです。十九歳ごろでした。

中洲先生からは、詩経なんかをちょっとですが伺ったことがあります。あとは息子さんのほうです。直接私は先生とお話したこともなかったし、なるべく目立たないところで小さくなって伺っておりました。

女子は私が一人でしたね。当時は講堂もずいぶん広うございましたね。木造で明治時代の小学校というような記憶がありますね。それにまた殺風景なつくりでございました。粗末な木の机と、腰掛けも一人々々が別々のものじゃなく、続いていた細長いものだったですね。

非常に人生問題で苦しんだものですから、キリスト教にいってみたり、仏教の本をはじめとして、いろいろのことをやってみましたけれども、二松学舎で漢文を勉強するようになりましたので、いろいろわかることもあり、漢文を通してのいろいろなそういう思想とか、禅のほうとの関係でも、禅の見地から見てもわかるような点があったりしまして、思想的にもいろいろいただいたものがあったと思いますけれども、本当に一生懸命には勉強しなかったとみえて今もってさっぱりそのほうの力はないようですね。

私はやはり漢文というものは大切に保存しておきたいと思いますね。漢文から受ける短かいことばの中から直接感ずるものは心の底に直接響きますから。今の説明たっぷりな文章なんかを読んだときとは、まるで違った感じがいたしますね。また漢文の中に盛られている当時の思想というものは、永久に根本的に青年の学ぶ価値があるものだと思います。本当に尊い伝統のあるものであり、といっても決して過去のものではなくて、これからも永久に根本的に青年の価値があるものであり、新しいもののもとになるものでもあり、大いにこれからも読んでゆかなければならないものだと思います。東洋の思想というものを本当にもっと生活に生かしてゆかなければならない時になっていると思いますね。ですからこれをやはり古色蒼然《こしょくそうぜん》としたものとしないで、新しいものとしてゆかねばならないと思いますね。(16)

女性解放という当時の西欧にあっても急進的な思想の唱道者であるらいてうが、「論語」などに対し永久に根本的に青年の学ぶ価値があるものだと思うと述べている点は特筆すべきかと思います。らいてうが二松学舎に学んだのは、仏典を解読できるようになりたい、という思いからでしたが、漢学に接してみて新たな価値観に気づいたかのような印象さえあります。

（1）学校法人二松学舎『二松学舎百年史』1977年
（2）三島中洲「余の学歴」（『二松学舎百年史』所収）より要約
（3）三島復「三島中洲翁逸事」（『斯文』一巻所収、1919年）より引用。〈 〉内の補足は編者
（4）三島中洲はブスケとボアソナードの講義内容について、それぞれ「仏国ブスケー氏商法講義聞書」、「仏蘭西民法講義聴書」と題した聴講ノートにまとめている
（5）学校法人二松学舎、前掲書
（6）同書（46～47ページ）に詩が全文掲載されている
（7）応神天皇の時代に百済から渡来し、「論語」など儒教を伝えたとされる伝説的人物
（8）学校法人二松学舎、前掲書

(9) 同書
(10) 嘉納治五郎『嘉納治五郎　私の生涯と柔道』日本図書センター、1997年
(11) 嘉納治五郎・小谷澄之『嘉納治五郎大系』本の友社、1987～88年
(12) 夏目漱石「落第」(『夏目漱石全集』第一〇巻所収、筑摩書房、1972年)
(13) 小宮豊隆『夏目漱石』岩波書店、1986年
(14) 学校法人二松学舎「學」2006年3月号
(15) 三好行雄編『漱石書簡集』岩波文庫、1990年
(16) 学校法人二松学舎、前掲書

第3章

渋沢栄一——資本主義の父は「社会福祉事業の父」でもあった

（1）富農階級出身の渋沢栄一

5歳に学問を始め、武道にも励む

渋沢栄一は天保11（1840）年、武蔵国榛沢《はんざわ》郡血洗島《ちあらいじま》村（現・埼玉県深谷市）に生まれました。この年は、アヘン戦争が本格化した時期に当たります。生家は、藍染めの原料となる藍玉を扱う豊かな農家（富農）でした。深谷市では通称「中の家《なかんち》」と呼ばれています。

父親は栄一が健康で力が強く、頭の回転の速いことを幼いころから見抜き、5歳から学問を習わせ、同時に撃剣などの武道にも励ませました。こうしたことが可能だったのは、当時の庶民教育が盛んで、栄一にも、学問はいとこの尾高惇忠《おだかじゅんちゅう》（1830〜1901）、剣術も同じくいとこの渋沢新三郎という優れた指導者が身近にいたからでした。

渋沢新三郎は、川越藩の師範役・大川平兵衛《へいべえ》の門人で神道無念流《しんとうむねんりゅう》の免許皆伝を得た剣《けん》客《かく》として周辺では知られていた人です。

尾高惇忠の影響から陽明学に触れる

尾高惇忠は栄一の10歳年上でした。渋沢栄一の生家と尾高惇忠が開いていた塾は、1キロ足らずの距離にあります。渋沢栄一が尾高惇忠のもとに論語を学びに通った道は現在、「論語の道」と呼ばれています。

尾高惇忠は陽明学を奉じ、また国学・水戸学も講義しました。水戸学（儒学を基盤に国学や神道を包括した水戸藩発祥の学派）も陽明学者・熊沢蕃山《ばんざん》（1619〜91）の思想を重視していましたから、水戸学を通しての陽明学の伝習もあったものと思われます。

幼少期から陽明学に触れ、学んだことは、後年渋沢栄一が陽明学へ傾倒する素地となっています。尾高惇忠の指導方法は、儒教の経典「四書五経《ししょごきょう》」の素読のように型にはまったものではなく、読書力をつけ、書籍や情報を批判的に読み込む力をつけるというものでした。こうした教授方法を受けて、渋沢栄一は様々な本を乱読しています。

家業に関しては早くも14の歳には父を助け、近郊の農家から藍玉を仕入れる仕事を任され、独自の工夫をして父親に認められています。すなわち、藍の葉を集める際に、品質順に番付表を作り、競争原理が自然に働くようにしたのです。これにより、品質の高い藍の葉を集荷できるようになり、渋沢家の藍玉関連事業の収益率は向上したと考えられます。この番付表は、現在深谷市の「渋沢栄一記念館」に展示されています。

当時の武蔵国榛沢郡血洗島村は安部摂津守の領地でしたが、実際には岡部藩の陣屋に統治されており、年貢を米で納めるのではなく、基本的に「金納」のシステムが採用されていました。もともと水田が少なく畑作を基本とする地域だったことが原因です。この地域には、かなり早い時期から貨幣経済

深谷市の渋沢栄一生地＝写真・二松学舎

が浸透し、発達していたと考えられます。

血洗島村の北には利根川が流れており、船着き場のほかに蔵などが立ち並ぶ大きな河港（中瀬河岸場）がありました。江戸時代の運送は水運によるものがほとんどでしたから、物資運搬の拠点がすぐそばにあったわけです。江戸までは船で直行すると1日で着いてしまう近さでした（実際には各河岸での荷揚げ荷下ろしがあるので3日かかったようですが）。

また、南には中山道《なかせんどう》が走っており深谷宿という大きな宿場町がありました。深谷宿は中山道と越後上州方面への脇往還《わきおうかん》北越街道の分岐点に当たる大きな宿場町で「大小80軒の旅籠屋《はたごや》があり、人口1928人」の大きな宿場でした(1)。江戸までは約80キロの距離です。現代でいうと高速道路が交差するジャンクション・インターチェンジの近くに血洗島村が位置していたといえるでしょう。こうした、交通の至便性が血洗島村周辺の貨幣経済の発展を大きく後押ししました。

このような貨幣経済の発展に支えられて、渋沢家をはじめとする富農や富商が経済・社会の担い手として自信を深め、しかもその教育レベルは支配層である武士をも凌《しの》ぐほど高まっていました。しかも交通至便の地にあります。渋沢栄一も、農閑期を利用して、江戸にあった漢学者・海保《かいほ》漁村《ぎょそん》の塾や、北辰一刀流《ほくしんいっとうりゅう》・千葉周作の「玄武館」道場にも通っています。

全国的な盛り上がりを見せる攘夷思想

安政年間（1854〜60）は、幕府が米国の武力を背景とした砲艦《ほうかん》外交に屈し、攘夷の勅命に反して通商条約を結んだことを痛烈に批判する攘夷思想が、広く庶民層にまで浸透していた時期です。つまりこれは、絶対的であった幕府の権威が崩れる可能性を示したのです。

また、尾高惇忠が教え渋沢栄一が学んだ水戸学は、幕府を支えるいわゆる御三家から生じたものですが、朝廷・天皇中心主義を唱え、幕府の権威を相対化することを大きく後押ししました。

こうしたなかで、全国的に攘夷思想が盛り上がります。当時の攘夷論は決して理念的なものではなく、太平洋上を往来する外国船の急増、アヘン戦争における清の完敗、開国後のインフレーションなど、実際に日本とその近隣で起こった具体的な社会変動に基づいていました。尊皇攘夷思想はこの事態に、ナショナリズムという新たなシンボルを持ち込むことにより、富農富商層を巻き込んだ運動に広まっていったのです。

実際にこの時期各地の豪農豪商の屋敷は、志士たちの移動や情報の拠点となっていました。

尾高惇忠は天保12（1841）年水戸を訪れ、徳川斉昭《とくがわなりあき》（1800〜60）の考えに傾倒、水戸学の熱心な信奉者となりました。尾高惇忠自身「交易論」という文章を書いており、渋沢栄一はこれを筆写しています。

尾高惇忠は、この「交易論」の中で「欧米の諸国は、商人をだまし討ちするところか ら国を乗っ取ろうとしているのだ。日本にいる外国の商人たちには、今すぐ出ていって もらうべきだ。これから入ってくる者は追い返すべきだ(2)」といった主張をしています。

こうした師の考えや、江戸周辺からの攘夷の雰囲気を受けて、渋沢栄一も攘夷論を強く主張するようになっていったのです。

――何故、横浜襲撃なのか

当時、横浜開港後の居留地貿易は関東圏全体に大きな経済変動をもたらしました。横浜が世界の資本主義への窓口となったとき、そこには外国商人と直接に交渉をする新たな商業層が登場します。彼らは、生糸など藩内の生産物を有利に輸出しようとする諸藩と結びつき、従来の特権商人中心の商品の流れを変えていきます。そして、こうした経済変動の結果として、横浜を起点とする急激なインフレーションが発生し、庶民の生活を圧迫したのです。

尾高惇忠は周辺の攘夷論者の中心となりました。渋沢栄一を含む69人の同士を募り、武具問屋から人数分の武具を調達し、横浜外国人居留地焼き打ちと、比較的距離が近く近隣での幕府権威の象徴であった、高崎城の乗っ取りを計画しました。決行日も文久3（1863）年11月23日の冬至の日と決定していました。

このとき、尾高惇忠らの暴挙を止めたのは、10月末に京都から戻った尾高惇忠の弟である長七郎の報告でした。文久3年は、十四代将軍家茂《いえもち》（1846～66）が天皇に対して攘夷を約束した年であり、5月には長州藩が下関沖の米国商船に砲撃を加える形で攘夷を実行しています。ところが長州藩はたちどころに反撃され下関を占領されたことで、攘夷の突端《とったん》を走っていた長州藩自身が真っ先に攘夷は不可能という現実に目覚めたのです。また生麦《なまむぎ》事件(3)を引き起こした薩摩も英国と交戦して鹿児島城下をかなり焼失します。

また、長七郎は京都では過激派公卿が京都から追放されたほか、攘夷論者が次々に幕府から捕縛・弾圧されていることも報告しました。こうした情勢急変の情報を受け、尾高惇忠、渋沢栄一らは焼き討ち決行を中止します。

なお、尾高惇忠は後日、富岡製糸場の初代場長に就任しています。富岡製糸場は開業当初、フランス人技師がワインを飲むのを見て「生き血を吸われる」との風評が拡がり、工場労働者を集めるのに相当苦労したようですが、尾高惇忠は、自分の娘・勇を富岡製糸場で働かせることで周囲の誤解を解くなど、教育者としてだけでなく、経営者としての手腕も優れた人でした。

(2) 一橋家との関わり

一橋家仕官から幕臣へ

渋沢栄一らを転向させた原因がもう一つありました。それが、いとこの渋沢喜作《きさく》が当時交流のあった一橋家（御三卿の一つで御三家に次ぐ家格）の家臣、平岡円四郎《えんしろう》（1822〜64）の存在でした。栄一らが彼と接近したのは、一橋家との関係を攘夷決行の隠れみのにしようという意図からでした。ところが栄一たちの行動力を買った平岡から、一橋家への仕官と京都への随行を勧められます。長七郎から情勢の転換と翻意を促されたことから、平岡の勧めに従うことにします。

実は平岡も一橋家の譜代《ふだい》（臣下の家系）ではありません。旗本家の次男でしたが、水戸藩の儒臣・藤田東湖《ふじたとうこ》らにその才覚が認められ、慶喜《よしのぶ》が一橋家を相続した際小姓として仕えました。大老・井伊直弼《いいなおすけ》ら南紀派が推す家茂との継嗣争いでは慶喜のために奔走したことから、安政の大獄(4)では処分を受けています。

このころは、慶喜が将軍家後見職に就任し、平岡はその用人として再び活躍の場が与えられていました。しかし、以上のような閲歴から一橋家内に確たる基盤がなく、彼自身も人材を求めていたのです。仕官後の栄一は、平岡から「篤太夫《とくだゆう》」という名を与えられ、以降一橋家を去る明治初年までそれを用いています。

わずか半年前までは農作業や藍の売買に明け暮れていた男が、京における諸藩との交際に辣腕《らつわん》を揮《ふる》いはじめたのです。さらに、京都御所を警護する禁裏《きんり》御守衛総督を務める慶喜のために新規の歩兵の増強を提言し、その取立御用掛《とりたてごようがかり》を任されます。このときには備中や播州《ばんしゅう》（現・兵庫県南部）にある一橋家の所領に出向き、代官らの妨害に遭いながらも200名を超える歩兵の徴集に成功しています。

さらに勘定組頭《かんじょうくみがしら》に昇進すると、領内の物産を有利に販売する道を拓き、財政を大きく好転させました。そして慶喜が十五代将軍として徳川家を相続すると、栄一はそのまま幕臣となったのです。

万国博覧会派遣によりフランス渡航

一時は無謀な攘夷を決行して、大和男児の意地を見せようと決意していた渋沢栄一が、平岡円四郎の機縁を得て幕臣にまで取り立てられました。これが栄一にとって第一の転機だったとすれば、第二の転機は慶応3（1867）年1月に横浜を出立したフランスへの渡航でした。これは、パリで開催される万国博覧会に派遣される徳川昭武《あきたけ》（民部公子、慶喜の弟、1853～1910）に随行するもので、博覧会後も昭武とともにフランスに止《とど》まり、数年は留学する計画でした。

一行はマルセイユに上陸し、3月7日にパリに入っています。攘夷党で凝り固まった水戸藩士は、気後れを気取られまいと虚勢を張っていました。とくに7人の小姓たちはちょんまげ・和装を改めようともしませんでしたが、栄一は違いました。早々に髪を切り洋装に着替えると市内に下宿を借り、フランス語の習得に努めています。また、機会を見ては様々な場所を見学して歩いています。

万博開催中には印象的な出来事がありました。ロシア皇帝アレクサンドル二世とフランス皇帝ナポレオン三世が同乗した馬車が狙撃されたのです。犯人は貧しいポーランド青年でした。彼はポーランドにおける反ロシア闘争の戦士で、このときはフランスに亡命中でした。これを聞いた栄一は大きな感動を受けます。

彼自身も一時は自分の命を捨てて、攘夷の大儀に殉じようとしました。そして今、フランスという欧州の大国に来て、大人と赤ん坊ほどの国力の差を思い知らされました。あのポーランド青年に負けぬ愛国心はもっているつもりです。なんとしても西欧諸国の国力の源泉をつかみ、それを日本に持ち帰らなければなりません。栄一はもう一度その思いを新たにしました。

パリでは軍事についてはヴィレットという陸軍大佐に、経済についてはフロリ・ヘラルトという銀行家が教育係として対応していました。ヴィレットの傲慢な態度は、しばしば一行の憤激を買いましたが、栄一はヘラルトの堂々とした態度には大いに感心しました。

というのも、一橋家に入って御用商人たちと付き合うと、先方があまりにへりくだることに辟易《へきえき》とさせられていたからです。自分も元は百姓だから、もっと気軽に付き合ってくれと言っても、それではけじめがつかないというのです。栄一にはこれが不満でした。身分制に胡座《あぐら》をかいて、たいした能力もないのに威張り腐る役人にも腹が立ちますが、あまりに卑屈な態度をとる商人も困りものだと考えていたのです。

ところがフランスでは、高位の軍人も銀行家も全く対等に交際をしています。礼儀はわきまえるものの、その意見交換は極めて率直です。日本の商業界もこうでなくてはいけない。栄一は帰国後に期するところがありました。

もちろんこうした文化の違いばかりではなく、ヘラルトからは金融に関する膨大な知識を得ています。銀行、証券取引所、株式、公債などについて、その仕組みや原理、さらには実際に銀行や株式取引所（現在の証券取引所）で実務を見せてもらいました。栄一は資本主義の構造をここで理解したのですから、ヘラルトは日本経済の恩人としてもっと記憶されるべきでしょう。

一方日本では慶応4（1868）年、鳥羽伏見の戦いに端を発する戊辰戦争が始まります。3月になって、日本の事情を詳細に知らせる書状が届きます。このとき、ヨーロッパ各国には幕府から派遣された留学生がいました。彼らに対しても5月になって帰国命令が下されます。

渋沢栄一たちが横浜に帰ったのは、慶応4年が明治元年に改まった11月3日のことでした。帰国に伴う雑用を済ませると、翌月には慶喜が謹慎する駿府《すんぷ》（静岡藩）に向かいました。

というのも、栄一を昭武に随行させたのは他ならぬ慶喜だったからです。栄一は新政府に出仕するつもりはなく、できれば民間人として銀行を興したいと考えていましたが、駿府に行ってみると思いがけず静岡藩の勘定方就任を命ぜられます。思うところと違ったので、彼自身は大いに不満でしたが、ここで栄一は第三の転機となる端緒をつかむのです。

商法会所と合本主義

渋沢栄一としては静岡藩の禄を食《は》むことは本意ではありませんでしたが、結局、勘定頭組支配同組頭格御勝手懸《ごかって》り中老手附《ちゅうろうてつき》を命ぜられると、これを受けることにしました。それは静岡藩の家老格を務める大久保一翁《いちおう》（のちに東京府知事、1817〜88）が栄一のヨーロッパでの体験談を聞き、合本主義（=株式会社）に興味を示し、それを静岡藩でやってみないかと水を向けたからです。

栄一の静岡藩における試みは、商法会所という形で始まりました。これは藩内のおもだった12人の商人に出資させ、銀行業と商事会社を兼ねたような組織です。当時静岡には江戸にいた旗本御家人が、大挙して移住していました。藩としては何とかして彼らに生計の道を与えねばなりません。商法会所は、まずこの事業に役立ちました。移住者の多くは山間部に入り、製茶業や養蚕業を始めますが、会所はこれに無担保で資金を融通しました。

こうした事業で少しずつ利益が出るようになると、在来の商人たちも次第に商法会所を利用するようになってきます。また当時明治政府は太政官札《だじょうかんさつ》という粗悪な紙幣を流通させ、各藩にこれを貸し付けていましたが、栄一はこの信用の薄い紙幣を保有することの危険を感じ、大阪からは米穀類を、東京からは肥料類を買い集め、これを商法会所に扱わせることで利益を出しました。

しかしこの成功は、旧幕の拠点である静岡藩が行ったことであり、やがて明治政府に警戒心を抱かせます。また利益が出ると同時に、御用達商人の間では利益や既得権の奪い合いが始まりました。結局、藩では商法会所を一度整理し、名称も「常平倉《じょうへいそう》」と改めて栄一自身が頭取を務める民間事業とします。紆余曲折はあったものの、これで栄一は企業家としての地歩を固めたことになります。

(3) 官吏として資本主義のインフラを整備

度量衡の統一と郵便制度の開設

渋沢栄一が常平倉の事業に意欲を燃やしたちょうどそのときに、新政府から徴命が下りました。上京した栄一は大蔵大輔（大蔵省の次官）の大隈重信《おおくましげのぶ》（1838～1922）を訪ねると、辞退する旨を強硬に伝えますが、結局大隈の弁舌に負けて奉職することになってしまいます。

この際、「一説によると、渋沢は、みずからが政府に残る条件として『改正掛《かいせいがかり》』という調査・研究から政策立案にあたる組織の設置を大隈に承諾させた」(5)とあります。この改正掛における渋沢栄一の超人的な活躍が始まります。

渋沢栄一は新設の改正局改正掛長を任せられ、最初に行ったのが度量衡《どりょうこう》の単位統一と郵便制度の開設です。郵便制度の開設については、静岡藩時代に職場を共にした前島《まえじま》密《ひそか》（1835～1919）を登用し、江戸時代からの飛脚制度を全面的に見直し、近代郵便制度を短期間に確立しています。それまでの飛脚制度では料金体系が不明確でした。「切手」システムの導入により、一律の料金により全国各地に確実に郵便が届くという、現在まで続く制度はこのとき始まっているのです。

貨幣制度の統一と複式簿記の導入

江戸時代までは、銀何匁《もんめ》といった重量を基本にした貨幣制度でしたが、単位が明確ではありませんでした。渋沢栄一らは、円・銭・厘《りん》という通貨単位に統一しました。これも現在まで続いている制度です。

また、米国の「ナショナルバンクアクト」の導入を考え、制度設計を行いました。これが国立銀行条例に結実し、後日、渋沢栄一自身「第一国立銀行」を設立しています。また、国立銀行条例の構想に合わせ、複式簿記制度の導入も図っています。複式簿記制度は確実で正確な決算をもたらし、資本主義経済を支える最大の基盤の一つですから、この導入の動きの影響も大きかったのです。

『立会略則』と『会社弁』

渋沢栄一は明治4（1871）年に『立会略則《りっかいりゃくそく》』と『会社弁《かいしゃべん》』を刊行します。

『立会略則』は合本組織（株式会社）と殖産興業の基本的な構造とその思想とを紹介したものです。このなかで栄一は、要約すると「貿易売買を商業といい、それを職とするものを商人というのは、天より与えられた美名で、単に個人が生計をいとなむためのものではない。商業の道を拡大してゆけば、一つの村からやがて世界各国との交易につながり、国家の富を増やすことになるのである」(6)と述べています。国を富ませるには何よりも資本主義の興隆が必要であり、そのために商業者に対し奮起を促したのでした。

『会社弁』は、フランス語で書かれた銀行論を福地《ふくち》桜痴《おうち》が訳したものです。同書では、預金、為替、貸付、手形交換など銀行の基本的な組織、機能について説明しています。こうした知識を日本語で紹介するものは、もちろんありませんでした。バンクの存在をこの本で知った人も多かったはずです。これらの冊子は全国で販売されると同時に、各府県にも常備されて広く商業者の参考となりました。

明治2（1869）年11月の就任から4（1871）年7月の異動までの間に渋沢栄一が関係した新制度は160件に達していますが、この時期の彼の活躍は、資本主義国家建設のインフラを整備するという意味で、のちの実業家としての活躍を凌ぐ貢献を日本という国にもたらしたといえるでしょう。

(4) 実業家、渋沢栄一の誕生

渋沢栄一が官吏時代の明治5(1872)年11月に国立銀行条例が発布されます。渋沢栄一が大蔵大輔の井上馨《かおる》(1835~1915)とともに辞表を提出したのは翌6年の5月です。

民間ではこれを待っていた人たちがいました。三井組の大番頭三野村利左衛門《みのむらりざえもん》と小野組の小野善右衛門です。当時三井と小野は日本を代表する二大財閥でした。しかしそうであるがゆえに、設立が待望されていた国立銀行の話がまとまらなかったのです。栄一はその調停者として、当事者からも周囲からも期待されていたのです。

明治6(1873)年6月、栄一の主導により第一国立銀行が日本橋兜町に設立されます。しかし、その後も三井組と小野組の綱引きは続きます。そのようななか、明治7年の11月に突如小野組が破綻します。これはもっぱら放漫経営といわれていますが、直接のきっかけは新政府による担保額の引き上げと担保提出強化の方針でした。これによって各府県が小野組に預けた資金の回収に動いたことから、危機が惹起《じゃっき》されたのです。

その後、三井は第一国立銀行の支配権独占に動きますが、栄一は素早く動いてこれを阻止します。さらにはより公正な運営を期して、自ら頭取職に就きます。栄一が生涯を通して独占を嫌い、公正な競争に努めたことはよく知られています。

三菱が海運業の独占を目指して他を寄せつけない過当競争に出た時にも、合本で帆船会社を設立して対抗。三菱の独占を阻みました。資本の独占、市場の独占が資本主義の衰退につながることを、栄一は最も知る経済人でした。

以降の渋沢栄一は、抄紙《しょうし》会社、大阪紡績会社、日本郵船会社、東京電灯会社、東京瓦《が》斯《す》会社、日本煉瓦製造会社、東京石川島造船所など、多くの起業家を助けてその設立に関わります。一時期、20から30の会社の経営に実質的に関わっていたといわれており、超人的な活動ぶりでした。

加えて、商工会議所や手形交換所などの金融インフラの整備にも尽くしています。

渋沢栄一は明治6（1873）年に大蔵省を退官しますが、この間の経緯を栄一は『論語と算盤』など複数の資料に記しています。これらには渋沢栄一の「実業」についての基本的な考え方が表れています。『明治10年からの大学ノート』で要約されていますので紹介します。

私が役人をやめる決心をしたときに、上司だった井上馨侯は、「時機さえ来れば、野に下って思うままやるもよかろう」といったが、親友であった玉乃世履《たまのせいり》（大審院長）は、「君は現に官界でもかなりの地位におる。将来きわめて有望なのにいま辞職するのは惜しい。商人になるのは金儲けのためかは知らぬが、世間からは軽蔑をうけて一生役人にあごで使われるだろう。ほかに方法もあるではないか」と忠告された。私は断乎として答えた。

「金儲けのために役人をやめるのではない。実業家が現在のように卑屈で世間の尊敬を受けないのは、一つは封建の残った弊害であろうが、一つは商人のやり方がよろしくないからである。欧米ではけっしてこうではない。不肖ながらこの悪習を改めるために骨を折りたい。宋の趙普《ちょうふ》は『論語』の半部《はんぶ》で天子を輔《たす》け、半部で身を修めたといっているが、私は『論語』の半部で身を修め、半部で実業界を矯正したい(7)」

（5）社会福祉事業活動家としての信念

フランス渡航時代の経験

渋沢栄一のもう一つの大きな業績は、社会福祉事業活動家としてのものです。渋沢栄一は、東京市からの要請で養育院の院長を務めたほか、東京慈恵会、日本赤十字社の設立に携わっています。また、聖路加国際病院初代理事長、我が国初の知的障害児施設である滝乃川学園理事長などにも就任しています。

渋沢栄一が社会福祉事業に取り組んだ端緒は、フランス渡航時代にありました。フランスで、渋沢は西欧の社会福祉事業の一端を見学しています。

マルセイユでは、学校を経済的に支援するため、慈善事業組織が活動していることを知ります。また、パリの病院を視察し、その病院は富豪未亡人の寄付により創設されたことを教えられます。会社以外の組織、現代の学校法人や社団法人の設立方法や運営方法に触れて帰朝しているのです。

養育院の設立と存続に奔走

渋沢栄一が携わった社会福祉事業のなかでも、生活困窮者や病人、高齢者、障害者の保護施設「東京市養育院（現・東京都健康長寿医療センター）」には創設時から57年間関わっています。

渋沢栄一は明治7（1874）年、東京府知事になった大久保一翁から、松平定信が寛政の改革の一環で定めた江戸の貧民救済資金「七分積金」を使った貧困者の救済を依頼されます。明治維新の陰で、戦乱や社会体制の急激な変化などにより、多くの人々が飢餓や貧困に苦しみました。当時の東京は武家が故郷に帰ったり商人が各地に移ったりしたこともあり、人口が江戸時代末期の約100万人から約50万人まで激減し、その過半が生活困窮者という状態でした。

「実業による私利は公益に資するべき」との考えから、渋沢栄一は社会福祉事業に精力的に取り組み、貧民救済施設として東京市養育院を創設しました。明治9（1876）年には、養育院事務長（理事長）に就任し、近代的診療設備を設置し、収容した人に職業訓練を行うなど、様々な改革を実施しました。

養育院は一時東京府の直営になりましたが、富国強兵策への世論の傾斜が進むなか、明治15（1882）年には東京府議会で養育院廃止が提案され、渋沢栄一の懸命な抵抗にもかかわらず、明治17（1884）年に公費支出が停止されました。

結局、東京府の所属のまま、渋沢栄一が委任経営する形での養育院存続が図られ、明治18（1885）年から棄児《きじ》などを保護する活動も始めています。

さらに明治42（1909）年には東京養育院内の虚弱児童の転地療養施設として、「東京養育院安房分院」も千葉県船形町（現・千葉県館山市）に創設されました。渋沢栄一は自ら初代院長として就任、精力的に福祉活動に当たっています（東京養育院自体は平成11〈1999〉年に廃止されましたが、分院は東京都船形学園として現在も運営を続けています）。

公的補助がないなかで、経済界からの寄付と渋沢栄一自身の資金負担により、養育院を存続経営させたことからは、渋沢栄一の社会福祉家としての強固な信念を感じることができます。

渋沢栄一がこうした活動を行った時代には「社会福祉」という言葉すらなく、「慈善事業」「博愛活動」と呼ばれていました。その時代に大実業家としての激務をこなしながら、社会福祉事業活動家の草分けとして力を尽くしたことは、まさに時代を先取りした素晴らしい行動だと言えると思います。渋沢栄一の社会福祉活動については、もっと注目されてもよいのではないかと考えるところです。

「日本の資本主義の父」は、「日本の社会福祉事業活動の父」でもあったのです。

館山市に残る磨崖碑

写真（130ページ）は千葉県館山市にある磨崖碑《まがいひ》です。碑は高さ10メートル、幅6メートル、一文字の大きさは30センチ四方という巨大なもので、ドローンでもないとなかなか全貌を露わにできません。

この碑文は、渋沢栄一の社会福祉事業活動家としての側面を今に伝えています。地元有志が、大正6（1917）年5月に竣工しました。撰文者は三島中洲で、書は渋沢栄一自身です。ここにも渋沢栄一と三島中洲の友誼《ゆうぎ》の固さが示されています。

碑文の内容と現代語訳は次の通りです。

磨崖碑文

維新之後、東京府収養無告窮民、上野護国院内、名曰養育院、後又撫育棄児、凡四十年其数三万七千余人、現在二千四百余人、而児童最多蓋本院資白河楽翁公遺制府民蓄積創之、以慈善家捐資増之、以院長渋沢男尽瘁成之、規摸年宏、三十三年移養甚羸弱者於房州船形町凡百余人、築新屋置小黌名曰養育支院、凡十年、多免夭殤、聞者感歎、東京慈善会大賛助之、郷紳寄贈土地及貨幣者頗多、頃者男臨視大喜、益欲拡張之、徴余銘刻之崖壁、乃作詞曰

哀矣煢独。矧蒲柳質。仁人維謀。養院維築。房海之浜。冬温夏涼。疾者乃愈。弱者乃強。爰授生業。爰教綱常。可憐群児。成立思恩。安知不出。済民仁人。

大正三年甲寅十二月

従三位勲二等文学博士　三島毅撰

従三位　勲一等　男爵　渋沢栄一書

明治維新の後に東京府は困窮した老人を上野の護国院内土地に収容し養護した。これを養育院という。養育院ではその後棄児を養育し、その数3万7千人余となっている。この養育院は、そもそも松平定信が寛政の改革時、江戸町民七分積金制度の蓄積を維新後に引継いだ東京府の資金を充当して設立したものである。この基金を慈善家の寄付により増加させ、また渋沢栄一男爵が公共のために自身の身も顧みず資金面を含め貢献してきたのである。

明治33年に体の弱い者を千葉県船形町に移し養育した。建物を新築し、勉強施設を設け、養育院支院と名付けた。

磨崖碑。撰文・三島中洲（毅）、書・渋沢栄一＝「東京都船形学園令和２年度事業概要」より

約10年間で、（体の弱かった）子供たちも、若くして亡くなることがなくなり、この話を聞いた者は感心した。東京慈善会もこの福祉事業に大いに協力賛助した。最近（渋沢栄一）男爵自ら視察にお出でになり、（分院の事業の状態を見て）大変喜び、事業のより一層の拡張を望まれた。そこで私は、次のようなことばを贈る。

身寄りがなく身体が弱い子供たちに対し、（同じ仲間であると考える）気持ち（心）で接する人がいて、養育院と相談し、この房総の浜辺に（養育のための）施設を建設した。ここは、冬暖かく、夏涼しい場所だ。病気の人は治癒し、身体の弱い子供も強くなるだろう。ここで生活のための仕事の仕方を教え、物事の基本的な考え方（大綱）も授けることができる。

ここで育った多くの子供が（将来）自立し、（この養育院で受けた）恩を思って、（自らが）救済事業を起こす志をもつという人が出てこないと、誰が言えようか。

（1）井上潤『渋沢栄一　近代日本社会の創造者』山川出版社、2012年
（2）同書
（3）幕末に起こった英国人殺傷事件。文久2（1862）年8月、生麦村（現・横浜市鶴見区）で島津久光の行列を乱したとして、薩摩藩士が英国人を殺傷した
（4）安政5（1858）年から翌年にかけて、井伊直弼が行った尊皇攘夷運動派に対する大弾圧
（5）井上潤、前掲書
（6）『立会略則』（大蔵省、1871年）より要約。現代語訳は編者
（7）二松学舎小史編集委員会編『明治10年からの大学ノート』三五館シンシャ、2017年（3版）

第4章

山田方谷・三島中洲・渋沢栄一の思想——陽明学の系譜

（1）山田方谷と陽明学

中国で広く学ばれた朱子学

江戸時代に学問といえば、四書《ししょ》（「大学」「中庸《ちゅうよう》」「論語」「孟子《もうし》」）五経《ごきょう》（「易経《えききょう》」「書経《しょきょう》」「詩経《しきょう》」「礼記《らいき》」「春秋《しゅんじゅう》」）を学ぶことであり、これは朱子学（宋学《そうがく》）とも呼ばれました。朱子学は、中国・宋代（960〜1279）に朱熹《しゅき》（朱子）が中心となって体系化した学派です。従来の儒学ではさほど考えられていなかった「宇宙」「世界」の概念を取り込み、「理気二元論」と呼ばれる儒教の哲学化を図りました。創始者の名をとり朱子学といわれます。

朱子学とは、中国・宋代の朱熹によって創始された、儒学の学問体系。仏教思想・道教思想の影響を受けつつ、独自の壮大な宇宙観を伴う学問体系を構築した。自己と社会、自己と世界（宇宙）は「理」という原理を通して結ばれており、修養によって「理」を把握し、社会秩序の維持が可能となるとする。
社会秩序の維持を一つの目標とすることから、明代には国家教学となり、国家統治の手段の一つとして用いられることが多くなった。

ここで朱熹の「理気二元論」には深入りしませんが、朱子学は科挙《かきょ》（中国で実施された国家試験）に採用されるようになり、中国の明代には国が認定する学問となって中国国内で広く学ばれました。

日本には鎌倉時代に入ってきましたが、江戸時代、秩序維持や身分制度の強化を目的に幕府によって「正学（官学）」とされました。これによって急速に日本全国に広まり、江戸期を通して学問イコール朱子学という地位を築き上げました。

朱子学の特徴の一つは「理」や「礼」（倫理的規範）を重んじることで、統治者にとって都合の良い論理を含んでいることです。（本来の朱熹の考えとはかなり離れているかもしれませんが）権力者にとって、社会秩序の統制強化の一つの手段として利用されるようになっていったのです。

王陽明の生涯と思想

一方、陽明学も王陽明という創始者の名に拠っています。王陽明は1472年に現在の中国浙江省余姚県に生まれ、1528年に亡くなっていますから、日本では室町時代に当たります。中国では明代です。

明代は、元という北方民族の王朝をおよそ100年ぶりに追いやって打ち立てた漢民族の王朝でしたから、中国文化の華が咲いた宋代を手本にしようとしましたが、皇帝の専横が強く、科挙で選抜された士大夫《したいふ》（高級官僚）は萎縮していた時代でした。

王陽明はそうした時代にあって、節を全うした清廉《せいれん》の士であり、行政官としても有能でした。1517年には、福建省南部、江西省、湖北省の盗賊軍を平定し、1518年には、広東省の山賊を討伐しています。1519年には寧王の大謀反が起きましたが、7万弱の敵軍に対し王陽明は義勇兵を募って約半分の兵力で戦い、僅か10日で打ち破っています。軍事面での才能も大変豊かな人物でした。

三島中洲《ちゅうしゅう》も王陽明のことを、「陽明先生は半ば戦ばかりやった人でございますから(1)」

と評しているほどです。

王陽明は士大夫でしたから、学問の基礎は朱子学によって築きました。しかし、途中から朱子学に限界を感じ、独自の思想を築いていったといわれています。１５０９年、38歳の頃から「知行合一《ちこうごういつ》」説を説き始めました。

すなわち、陽明学では、行動において心は分けるものではなく、「心」そのものに従うことも「理」であるとし、自分の責任で行動する「心」の自由に重きを置きます。「知行合一」の言葉に代表されるように、実践を重んじる学派となってゆきます。

朱子学が、権威に従うことを重んじ、秩序を重んじる統治者・権力者に好まれたのに対し、心の自由により自己の責任で行動することの重要性を唱えた陽明学は、どちらかというと、秩序に反発する人々に好まれる傾向がありました。

江戸時代初期の代表的な陽明学者・熊沢蕃山《ばんざん》は、庶民教育の考えを「花園会」規約にまとめ、日本初の庶民教育の場である岡山「閑谷《しずたに》学校」の開校につなげた人物ですが、陽明学者として、朱子学（宋学）を官学とする幕府と対立しました。熊沢蕃山は、幕政を批判したとして69歳の高齢にもかかわらず、古河《こが》城内に謹慎蟄居《きんしんちっきょ》させられています。

また、天保8（１８３７）年大坂で民衆救済を目的とした反乱を起こした大塩平八郎

（1793～1837）も陽明学を独学で学んでいます。幕末の吉田松陰《しょういん》、高杉晋作などの思想にも陽明学が色濃く反映されています。

山田方谷と陽明学

山田方谷《ほうこく》の思想の基本は陽明学に基づいているという話は第1章で述べました。山田方谷はもちろん朱子学（宋学）を深く学び、まず朱子学を学ぶことが漢学の基本であるとしつつも、陽明学に徐々に接近します。

山田方谷は幕末きっての政治家、経世家、軍略家であり、何より実践の人でしたから、「知行合一」で実践を重んじる陽明学に依拠していくことが自然な流れであったのではないでしょうか。

山田方谷は、陽明学の基本テキストである『伝習録《でんしゅうろく》』から重要と思われる部分を選び、それに自ら序文をつけています。また、第1章で述べたように、入門した長岡藩の河井継之助《つぎのすけ》を送る際、山田方谷が河井に手渡したのは陽明学の基本テキスト『王陽明全集』でした。

明治維新後、山田方谷は政治の世界から退き、岡山県下で教えの道に復帰しますが、以前に比べより積極的に陽明学を唱道することになります。陽明学を主な柱として説き起こしてゆくという方向性がより鮮明になってきます。

明治5（1872）年、旧岡山藩士らが、山田方谷を迎えて岡山に学校を創設しようとします。山田方谷は、新しい学校の創設ではなく、明治3（1870）年に閉校になっていた旧藩校「閑谷学校」を再興するのであれば、との条件で引き受けます。この新「閑谷学校」において山田方谷は明治6（1873）年3月に初めて閑谷に出かけ、その後毎年春と秋の2回、約1カ月ずつ滞在して教授します。

この新「閑谷学校」での山田方谷の学業方針の一つに、「経学は陽明学を主として、朱子学は取捨すべきこと」[2]とありました。

閑谷学校は、陽明学者の熊沢蕃山に由来する学校ということも影響しているかもしれませんが、山田方谷の陽明学への傾倒が明らかになっています。

山田方谷は明治10（1877）年6月26日に没します。枕頭には王陽明全集が置かれていました。享年73歳。西南戦争の最中でした。この年の9月には西郷隆盛が自刃し、西南戦争が終結します。そして方谷の弟子・三島中洲が10月10日に漢学塾二松学舎を創設します。

師の山田方谷が陽明学を重視し、晩年にさらに陽明学への傾斜を見せたことは、弟子三島中洲にも大きな影響を与えることとなります。

（2）三島中洲と渋沢栄一の邂逅

三島中洲と渋沢栄一の思想面、陽明学との関わりを探る前に、三島中洲と渋沢栄一の邂逅《かいこう》について順を追ってみてみましょう。渋沢栄一が三島中洲と親交をより深めるのは、渋沢栄一が明治42（1909）年、数え年で70歳を期に実業界の第一線から身を引いた以降だといわれています。ただ、両者の関わりはそれ以前から連綿と続いていました。

三島中洲と渋沢栄一はいずれも農民階級の出身者ですが、生家はいずれも貧農というわけではなく、比較的豊かな言わば富農でした。そしてその環境が、「論語」などの漢学の教養を育むことにもつながりました。こうした富農出身という環境、論語を中心とした教養ということも二人の友情・友誼《ゆうぎ》というものの背景にありました。

第八十六国立銀行の設立を機に

第八十六国立銀行は、明治11（1878）年12月に、現在の岡山県高梁《たかはし》市に設立された岡山県の銀行です。現在、地方銀行の上位行で総資産が8兆円を超える中国銀行（本店は岡山市）の前身になります。

第八十六国立銀行の本店が置かれた高梁市は備中《びっちゅう》松山藩の松山城がある場所で、三島中洲が師の山田方谷とともに活躍した場所です。そのため、三島中洲はこの第八十六国立銀行設立に際して、発起人の一人となるなど中心的な役割を果たしました。

『中國銀行五十年史』では、「第八十六国立銀行設立の中心的役割を果たしたのは三島毅である。（中略）第八十六国立銀行の設立が円滑に進められた要因の一つは、彼が中央で要路の高官によく知られており、銀行界の大御所である渋沢栄一とも厚誼《こうぎ》があったからである」としています。さらに、中国銀行の現取締役会長・宮長雅人氏は「山田方谷と中国銀行」という講演の中で、山田方谷の思想と中国銀行の経営理念のつながり、また第八十六国立銀行の設立における三島中洲の貢献について言及されています。(3)

第八十六国立銀行の設立に際して、三島中洲は財界の中心人物で銀行経営に詳しい渋沢栄一に設立方法や設立資金の集め方などについて詳しいヒアリングを行っています。渋沢栄一はこの三島中洲の問いかけに積極的に応じました。

両者のつながりはこうして始まりました。この際、三島中洲は実業家・銀行家としての渋沢栄一の飛びぬけた優秀さを認識することになったのかもしれません。

また、三島中洲はしばしば二松学舎塾生や知友の就職口の斡旋《あっせん》を渋沢栄一に依頼していたようです。

三島中洲の長男・桂は、7年間にわたり米国のミシガン州や首都ワシントンで留学を経験した後、明治24(1891)年に帰国しています。

三島中洲は帰国後の桂の就職の斡旋を渋沢栄一に依頼しました。具体的には、英語力を活かしての横浜正金銀行(外国為替専門銀行、三菱UFJ銀行〈旧東京銀行〉の前身)への就職斡旋依頼でしたが、結果的にはこの就職斡旋はうまくいかなかったようです。

渋沢栄一の妻、千代の墓碑銘を三島中洲が撰文

渋沢栄一の最初の妻である千代（尾高惇忠《おだかじゅんちゅう》の妹）は明治15（1882）年7月に病没します。渋沢栄一は千代の墓碑銘《ぼひめい》の撰文を三島中洲に依頼します。この時、撰文者として三島中洲を渋沢栄一に推薦したのは大審院長の玉乃世履《たまのせいり》でした。玉乃世履は、三島中洲と津藩の塾以来の盟友で、大審院でも仕事を同じくしていた人です。

三島中洲は撰文作成にあたり、渋沢栄一に綿密な聞き取りなどを行いました。墓碑銘の出来栄えは素晴らしく、渋沢栄一は漢学者、漢文作者としての三島中洲の実力を認識したものと思われます。この間の事情を、渋沢栄一は後日以下のように語っています。一部補足して記述します。

（三島中洲）先生は詳しい御話を聞かなければ（碑文を）書くことは出来ぬと言われ、結婚の動機から死ぬ迄《まで》の色々の事に就《つい》て御尋ねがあり、殆んど裁判所へ出て取調でも受ける様な具合に御聞《おきき》になりました。

（其《そ》の）碑銘を手にして、成程《なるほど》漢文の力と申すものは斯《か》く迄に偉大のものであるか、それは三島先生に於《お》いてそうであると思うて、先生の漢文に強い尊敬を持ったのでございます。(4)

小山正太郎が描いた「論語と算盤」

明治42（1909）年1月、東京瓦斯会社の役員であった福島甲子三《かしぞう》が、渋沢栄一に書画帖を送ります。渋沢栄一の古希のお祝いでした。この書画帖の中に画家の小山正太郎が、「論語、算盤、朱鞘刀剣、シルクハット」を描いた絵がありました。

この絵が本書の冒頭に示した「論語と算盤」の絵であり、この絵を見た渋沢栄一と三島中洲の会話から、渋沢の著書『論語と算盤』は書き出されています。三島中洲は、この「論語と算盤」の絵を見た際に得た考え、すなわち従来からの「義利合一論」の考えを示した一文を渋沢栄一に送っています。

なお、『論語と算盤』の思想的ベースとなっている講義集『論語講義』は、尾立維孝《おだてこれたか》（1860〜1927）という人物が草稿を作成し、それに渋沢栄一が訂正を入れているようにも見えます。尾立維孝は大分県宇佐出身で、二松学舎から司法省法学校に進み、検事として活躍した人物です。

退官後は二松学舎の理事に就いています。そうした意味でも、渋沢栄一と三島中洲並びに二松学舎とは、思想的に切っても切れない縁があるといえましょう。

三島中洲の晩年と渋沢栄一

晩年の三島中洲は二松学舎の経営の先行きに懸念を抱き、渋沢栄一に二松学舎の経営を委ねていくようになりました。渋沢栄一は明治43（1910）年に二松義会（二松学舎の基盤組織）の顧問に就任し、大正6（1917）年には、二松義会の理事・会長になります。

大正8（1919）年5月12日に三島中洲は永眠。享年90歳。渋沢栄一は三島中洲の葬儀に際し告別の辞を読んでいます。

渋沢栄一は、大正8年第三代二松学舎舎長に就

尾立維孝書翰（大正10年9月10日付、山田準宛）／尾立維孝は豊前宇佐郡尾立村の庄屋の家に生まれ、二松学舎を経て司法省法学校を明治16年卒業。各地で判事を務め、明治32～42年まで台湾の覆審法院検察官長を務め、退官後は財団法人二松学舎の理事などを歴任した。二松学舎大学附属図書館発行『三島中洲と近代　其三』より＝二松学舎蔵

任し、その後の二松学舎の経営を牽引しました。

(3) 三島中洲の「義利合一論」と渋沢栄一の「道徳経済合一説」

三島中洲の「義利合一論」

三島中洲の「義利合一論」は、すなわち「義と利を分けて考えるべきではない。利は義から生まれる結果である」という考え方です。

三島中洲は、朱子学(宋学)の隆興により、「義」と「利」が峻別《しゅんべつ》され、「利」が貶《おとし》められるようになったが、本来の儒学では、「義」と「利」が不離な(離れていない)ものであり、「利」が貶められてきた状況を打開すべきと考えました。

すなわち、もっぱら朱子の説にしたがって儒学の古典を読むようになったために、「義」を重んじるあまり「利」を卑しく考えるようになったことが問題で、その結果、「義」だけを重んじ「利」を軽んじる考えが行動に影響を及ぼして無謀な施策を主張す

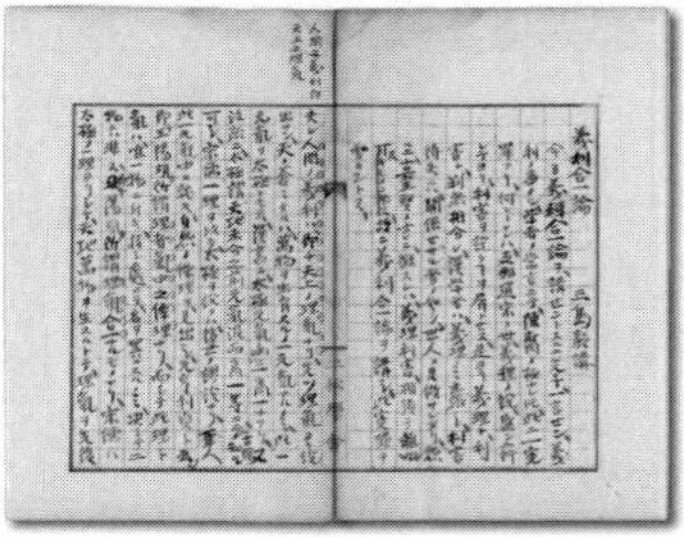

三島中洲草稿「義利合一論」（明治19年10月10日、東京学士会院講演）／中洲はこの講演で、宋学的解釈によって醸成された同時代の漢学的思考の「利」を説くことを潔しとしない傾向に異を唱え、儒学本来の考え方に立ち返り「義」と「利」が合一することを説いた。同時代の道学者からは不評であったが、渋沢栄一らに影響を与えた＝二松学舎蔵

る学者が多かったことを批判しています。この考えが結実していく過程を追ってみましょう。

三島中洲は、明治19（1886）年東京学士会院で「義利合一論」についての講演を行っています。この中で、三島中洲は、朱子学によって「義」と「利」が峻別されるようになったが、本来の儒学では（陽明学的な立場からは）「義」と「利」は離れているものではないとして、「利」というものが被ってきた「冤罪《えんざい》」を雪ぐ必要があると主張しています。

また、三島中洲は、明治23（1890）年5月に斯文《しぶん》学会で陽明学に関する講演を行っています。陽明学の学説要約である「陽明四句」に関する講演で、「陽明学を勉強することが道徳

を涵養《かんよう》するためには最も簡易な方法である」という趣旨の発言をしています。(5)

明治41(1908)年11月に、三島中洲は「道徳経済合一説」に関する講演を行っています。またほぼ同時期に、渋沢栄一に「道徳経済合一説」との小冊子を送っています。講演の冒頭は以下のようなものです。この冒頭部分に三島中洲の考え方が要約されているように思いますので、以下に紹介します。

今日は道徳経済合一説というもので講演をする積りでございます。此《この》合一の説を思付きましたのは、凡《およそ》学問は詰《つま》り知行の二字を出ない、先《ま》ず学問をする始りは物の道理を研究し知るが始りでございますけれ共《ども》、詰り知るのは行の為《た》めです。其《そ》の知る方では成《な》る丈《た》け分析をして知らなければなりませぬ。併《しか》し行うになると、分析したものを一緒にして行わなければ役に立たぬ。それで此《この》合一説という事を思付きましたのですが、研究する時分には、道徳は道徳、経済は経済と別けて分析しなければなりませぬが、行う時にはモウ一つになって仕舞《しま》うということであります。此《この》説の出る根原は、私が平生尊奉する陽明学の理気合一、知行合一の工夫を実行することと御承知を願いたい。(6)

東宮侍講としての三島中洲と陽明学

明治29（1896）年三島中洲は東宮（皇太子）の侍講《じこう》（学問を講義する人）に就任し、東宮が大正天皇となったあとも、引き続き侍講を務めました。東宮に対して三島中洲は、積極的に陽明学の講義を行いました。

明治33（1900）年には、東宮に対して陽明学の教義の基本である「四句訣《しくけつ》（四言《しげん》教《きょう》）」を講義した際、東宮から「四句訣」の書を求められ、書して奉じています。その際の三島中洲の詩を現代語訳で記します。

善悪をはっきり区別するのが、人間の心に内在する良知というものであり、
誰もがその良知によっていつでも己の行いを正すことに成功すれば、
世の中が平和に治まるのである。
きっとあの世の王陽明は喜んで心を慰めていることだろう。
皇太子殿下が王陽明の遺した「四句訣」を御自分の師となさったのだから。(7)

陽明学を東宮に講義したことを三島中洲は大変誇りに思っており、「かつて北畠親房《きたばたけちかふさ》が後醍醐《ごだいご》天皇に最初に朱子学を講義した。今、自分は皇太子のために宮中で初めて陽明学を講じている」旨の次の詩を書いています。


どうして我が身を北畠親房公と引き比べるなどできるだろうか。

格別なる恩寵《おんちょう》によってこの道に光が射したように感ぜられる。

北畠公は後醍醐天皇の為に朱子学を進講し、私は皇太子殿下のために陽明学を御進講申し上げている。

いずれも御前で進講することにおいては、それぞれの濫觴《らんしょう》(物事のはじまり、起源)と言えるだろう。(8)

渋沢栄一の「道徳経済合一説」

大正5(1916)年に『論語と算盤』が発刊され、渋沢栄一はこの中で「道徳経済合一説」を掲げました。すなわち「論語」を拠り所にして、倫理と利益は両立するものであるとしました。経済を発展させるのは、利益を独占するためにではなく、富は社会全体で共有し社会に還元していくことが必要で、それが国全体を豊かにする、と説いたのです。

『論語と算盤』には、プロローグでも紹介した次のような文章があります。

富をなす根源は何かといえば、仁義道徳。正しい道理の富でなければ、その富は完全に永続することができぬ。

このような思想が三島中洲に対する共感へとつながりました。渋沢栄一は『論語講義』の中で以下のように記述しています。

余は平生《へいぜい》論語と算盤説を唱え実業を論語に一致せしめんと企図し、余が尊信する故三島中洲先生も同工異曲とでもいうべきか、論語を経済に合一せしめんと説かれき。(9)

渋沢栄一の「道徳経済合一説」と三島中洲の「義利合一論」は、どちらが先に主張したというものではなく、お互いに議論する中で、方向性と結論が、自ずと一致していったというものなのでしょう。

『二松』に掲載された「論語と算盤」

渋沢栄一自身が、二松学舎専門学校校友会の会誌『二松』に投稿したその名も「論語と算盤」という文章があります。渋沢栄一と三島中洲の考えを整理するうえで、まとまっていますので、当時の文章で若干読みづらいものですが、一部を改変して以下に示します。

論語と算盤
　渋沢栄一

聖人の道は実用に迂《う》ならず

商人諸君が商売をするに就《つ》いては、飽くまで正直を以《もっ》て進まねばならぬということは、私が屢々《しばしば》各所に於《お》いて已《すで》に述べた所でありますが、一体正直ということは、人の守るべき本分でありますから、之《これ》を守って行かなければ、凡《すべ》ての事実が決して成立つべきものではないのであります。所が世間には往々誤解を抱く者がありまして、余り正直一方では損をするというような事を云《い》います。併《しか》しそれは飛んだ間違いでありまして、道徳と経済は決して矛盾するものでなく、何処《どこ》までも一致して行く筈《はず》のものであります。

扨《さ》て其《そ》の正直を守る標準として、私は少年時代から論語を読んでそれを守って居《い》るのでありますが、論語に述べてあるような聖人君子の践《ふ》むべき道を説いたものは、商人には不向であるように見做《な》す人が多数の人の中にはないとも限りませんが、私はそういう考は取除かねばならないと思って居《お》ります。今申しました通り、経済と道徳とは一致するものでありますから、論語の趣旨を実行して商売をしても、それが矛盾をして商売上不利を来すべき筈のものでなく、此《こ》の二者はよく一致して居るものであるということを深く信じて戴きたいのであります。論語と算盤というようなことは、一寸《ちょっと》聞くと異様に感ずるかも知れませんが、併しよく考えて見ますと、何等《なんら》の不思議はなく、寧《むし》ろ当然のことであると思って居ります。是《こ》れに就いて一寸面白い話があります。今より十七八年前のこと、私が七十歳になった時に祝意を表して呉《く》れるといって、久しく宝田石油会社に居た福島甲子三君が私に画帖を寄贈して呉れましたが、それには論語と算盤と朱鞘《しゅざや》の短刀とシルクハットの四つの絵が描いてありました。同君が之を贈って呉れたのは、私が平生《へいぜい》論語を読んで居ることを知って居り、又事業に関係して居る所から、算盤を描いて呉れたのでありますが、ツマリ其れが経済道徳と一致するという趣旨を現わしたものであります。それから朱塗の鞘の刀が描いてありましたのは、私が武士であったことを考えて、人間はイザという時には、武勇の精神がなかればならぬということを含めたのであります。又シルクハットの加わった意味は、以上の外《ほか》に人間は礼儀を重んじなければならぬということを示したものであります。私は同君の精神のある所を察して、有難く之を御受けして今でも保存して居る次第であります。

中洲翁も予の意見と同様

先年一ツ橋の高等商業学校で、孔子を記念する講演会がありました時に、私も其《そ》の席に臨んで一場の講演を致し、経済と道徳の一致すべきものであるという次第を論語を引用して述べ、孔子の教は決して経済に無頓着のものではなく、どこ迄《まで》も一致すべきものであるという議論を致したのでありますが、其の席に今は物故《ぶっこ》した三島中洲翁《おう》も居《お》られまして、大変私の説に賛成して、「至極同感である、それでなければならぬ」といって呉《く》れました。そんな関係で中洲翁とは意気相投《あいとう》ずるようになりまして、翁《おきな》は其の後私の所へ一度遊びに来られたことがありましたから、其の時に右に述べた論語と算盤の画帖を示しました所、其れは非常に面白いといつて、是れ又大に感服されて、「実業家の口から斯《か》かる意見を聴くのは面白い。それでは一つ私もそれに因《ちな》んだ文章を書いて上げましょう」といって一文を寄せられました。是れは少しく余談に亙《わた》った次第でありますが、兎《と》に角《かく》経済と道徳を一致させて、商人が正直に営業をしたからとて、決して損の行くべきようなことのあるべきものでないということは、十分に御解りになったろうと思います。

此の言の中に充分の経済観あり

何故に孔子の教が経済と一致しているかと申しますと、論語に次のようなことが出て居ります。雍也《ようや》篇の終りに、

「子貢曰、如有博施於民、而能済衆、何如、可謂仁乎。子曰、何事於仁、必也聖乎、尭舜其猶病諸。」と。今是れを解釈しますと、孔子の門人の子貢と申す人が孔子に向いまして、「若《も》し世の中に広く恩恵を人民に施して、多数の人の難儀を救う人がありましたならば、如何《いか》なる者と御認めになりますか、仁の仕事というべきものでありましょうか」と尋ねました所《ところ》孔子の申さるるには、「左様《さよう》な大事業は、何ぞ啻《ただ》に仁の仕事に止るべき、是れは必ず聖人の仕事であろうか、さりながら尭舜《ぎょうしゅん》の如き聖人ですら、矢張《やは》り広く恩恵を人民に施して、多数の人の難儀を救うことの六ヶ《むつか》しきを悩み給《たま》いし位でありますから、斯かる大事業は容易なものではない」といわれましたのであります。茲《ここ》に申上げました如く、「博施於民而能済衆」という文字は、経済という観念がなくてはどうしていわれましょうか、そこには立派な経済という思想が含まれて居るのであります(10)（以下略）。

この二人の考えに通じる二つの狙い

渋沢栄一と三島中洲の考えには彼ら自身が意識していたかどうかは別にして、二つの狙いがあったと思います。ここで改めて第3章で紹介した『論語と算盤』の要約文を再掲します。

実業家が現在のように卑屈で世間の尊敬を受けないのは、一つは封建の残った弊害であろうが、一つは商人のやり方がよろしくないからである。欧米ではけっしてこうではない。不肖ながらこの悪習を改めるために骨を折りたい。宋の趙普《ちょうふ》は『論語』の半部《はんぶ》で天子を輔《たす》け、半部で身を修めたといっているが、私は『論語』の半部で身を修め、半部で実業界を矯正したい。[11]

一つ目の「封建の残った弊害」とは、利を追い求めることが卑しいという江戸時代の朱子学（宋学）の思想のことで、これを転換し、利益を追求することは決して悪いことではない、ということを主張しようというものです。明治維新後の資本主義の健全な発展のためにも、経済活動が悪であるという考えは払拭していく必要があったのです。

また、二つ目の「商人のやり方がよろしくないから」という指摘は、利益だけを追い求める拝金主義的な企業経営を行うと、必ずどこかで暴走が始まり、永続的な企業発展、資本主義の発展が難しくなる、という趣旨ではないでしょうか。

二人は後世の資本主義の興隆を予見していたかのように、日本の将来のためにはこの二点を速やかに克服し、経済活動を発展させていく必要があると考えていたのでしょう。

（4）利益追求と道徳律の両立

利益追求は悪なのか——朱子学の影響

企業活動の目的の一つは利益の追求です。これは現代社会では当然と考えられていることですが、三島中洲と渋沢栄一が育った江戸時代末期まではそうではありませんでした。

江戸時代後期までの朱子学（宋学）においては、「義」は重要だが「利」はそうではない。「利」を考えることは、言い方に問題があるかもしれませんが、汚らわしいものを扱うといった考えが圧倒的だったのです。前節で渋沢栄一が「封建の残った弊害」と述べているのがこのことです。

また、江戸時代の朱子学には、幕藩体制下の固定的な身分秩序を肯定するという役割もありました。江戸中期の代表的な儒学者である荻生徂徠《おぎゅうそらい》（1666〜1728）も「道とは士大夫《したいふ》以上のものである。農工商の関係するものではない」旨を述べています。論語等の儒学の教えは農民職人商人には関係ないという論です。

渋沢栄一は、江戸時代に漢学者（朱子学者）の側から農民や職人、商人を疎遠にするような考えがあったことに対して断固たる異論を唱えています。(12)

渋沢栄一の陽明学への傾倒

渋沢栄一も朱子学（宋学）を批判し、陽明学に依拠しました。渋沢栄一が最初に儒学を学んだのは、渋沢栄一のいとこで10歳年上の尾高惇忠からでした。

渋沢栄一は尾高惇忠が自宅で開いた学舎に7歳から通っていますが、この尾高惇忠は、「知行合一」を学則として掲げ、[13]渋沢栄一を含めた塾生らに陽明学を教えています。幼少期より渋沢栄一は陽明学の洗礼を受け、精神的なバックボーンを作り上げていったといえます。

渋沢栄一は、60代から陽明学にさらに傾倒するようになり、陽明学者・東敬治《ひがしけいじ》の「陽明学会」を経済的に支援しました。さらに、大正11（1922）年5月からは、日本橋兜町にあった渋沢事務所を会場として、毎月第2・第4土曜日に「陽明全書講読会」を開催しています。

二松学舎への深い支援や舎長就任も二松学舎が陽明学を標榜《ひょうぼう》していたことと無関係ではないと考えられます。

山田方谷・三島中洲・渋沢栄一の思想は、必ずしも直線的ではありませんが、「知行合一」を標榜し、実践を重んじる陽明学の精神が連綿としてつながっていると考えられるのです。

資本主義や企業経営にはなぜ道徳律が必要なのか

以下では、渋沢栄一が「商人のやり方がよろしくないから」と言及した面について考えていきたいと思います。利益だけを追い求める、拝金主義的な企業経営を行うと、必ずどこかで暴走が始まり、破綻するという問題です。

現代日本では、「論語」を経営の根幹に据えて考えている経営者の方も多くいらっしゃいます。例えば、株式会社ドトールコーヒー名誉会長である鳥羽博道氏は常に「論語」と渋沢栄一の言葉を懐に忍ばせながら経営を続けてこられたとのことです。また、SBIホールディングスのCEOを務める北尾吉孝氏は「論語」と経営にまつわる書籍を多数出版されています。

渋沢栄一と三島中洲のように、企業を運営していく際や、資本主義の進展のためには、何らかの道徳律が必要だ、そして道徳律と利益追求は同時に成り立ち得る、との考えは(実行されているかどうかはともかく)現代の日本においてはさほど珍しくないと言えるでしょう。

ただ、それは渋沢栄一や三島中洲らによる「企業経営への『論語』を用いた道徳律の導入」が試みられた後に、我々が生きているからなのではないでしょうか。

資本主義に潜む「怪物」——拝金主義

日本は明治期から欧米の資本主義を取り入れて発展してきました。世界史的に見ても、近代世界は資本主義による経済発展により支えられてきているというのは歴史的事実でしょう。

しかしながら、資本主義には「怪物」が潜んでいます。多くの人が、「金儲け」を第一の目標にしてひたすら拝金主義に走るとき、一時期の好景気の後、やがて大きな破綻が生じてきました。２００８年に発生したリーマン・ショックは投資銀行など金融機関の利益至上主義が原因の一つであったと考えられます。「greedy person（貪欲な人）」たちが、ひたすら利益を追求し、金融バブルを膨らませ、それが破裂したわけです。

中国の神話的な地理書『山海経《せんがいきょう》』の中に饕餮《とうてつ》という怪物が出てきます。体が牛、虎の牙、人の顔をもつという貪欲で何でも食べるという怪物です。貪欲さのあまり最後は自分自身をもすべて食べてしまうかもしれないという存在です。

拝金主義によって自分を見失った企業経営者は自身が饕餮のようになってしまっているのかもしれません。

渋沢栄一は欧米から資本主義制度を導入する先鞭《せんべん》をつけた人であっただけに、資本主義がもっているこの問題点にいち早く気づいていたのでしょう。

(5) 西欧ではどう考えられてきたのか

——アダム・スミス——『道徳感情論』

アダム・スミスは、資本主義自由経済の根本原理を提示した英国の哲学者・経済学者です。彼は『国富論《こくふろん》』を1776年に出版しました。その中で、資本主義(という言葉は使っていませんが)に則り、政府によるあらゆる規制を外し、経済を「見えざる手」に任せるべきと主張し、「レッセフェール」(自由放任主義)を標榜したと言われてきました。

アダム・スミス（1723～90）は、イギリスの哲学者・経済学者。経済学の父と呼ばれる。著書『国富論』は経済学史上の古典中の古典。それまで欧州で主流であった重商主義を批判し、資本主義自由主義経済の理念を打ち立てた。

アダム・スミスは「自由放任主義で、経済発展のためには利益だけ追求していればいいと主張した」と考えている人もいるかもしれませんが、これは間違いです。『国富論』出版前の1759年に、アダム・スミスは『道徳感情論』という本を出版しています。彼はその中で、社会にとっては社会を構成する人間同士の「共感（同感）」が最も重要だということを説いています。

まず、アダム・スミスは市場などにおける競争について、「富と名誉と出世をめざす競争において、（中略）できる限り力走していい（中略）。しかし、かれがもし、かれらのうちのだれかをおしのけるか、投げ倒すかするならば、（中略）寛容は、完全に終了する。それは、フェア・プレイの侵犯であって、かれらが許しえないことなのである[14]」とフェアプレイの重大さを主張しています。

そして、同書第一部第一篇の「同感《シンパシー》について」においては、「同感」の大事さについても次のように強調しています。

われわれがしばしば、他の人びとの悲しみから、悲しみをひきだすということは、それを証明するのになにも例をあげる必要がないほど、明白である。(15)

アダム・スミスの生きた時代は、まだ資本主義の黎明《れいめい》期でしたが、この哲学者・経済学者は、資本主義が長く持続的に発展していくには、「拝金主義という怪物」を何らかの道徳律で制御することがどうしても必要だということに気がついていたということかもしれません。

興味深いことに、渋沢栄一はアダム・スミスについて、自分と意見が重なっているということを次のように指摘しています。

私の愉快に思いますのはアダム・スミスの学説が私の信条たる道徳に一致する事であります。即ち道徳経済という事と利用厚生という事が一致し調和するものである事を見

出したからであります。(16)

無論、アダム・スミスと渋沢栄一の論が全く一致しているわけではありません。渋沢栄一が経済主体に対して公益の追求を期待したのに対して、アダム・スミスはそこまで言及していません。

また、渋沢栄一が社会全体の繁栄は経済主体による公益追求への意図的努力によって可能になると考えていたのに対して、アダム・スミスはこうした努力なしでも「神の見えざる手」によって自然に成し遂げられると考えていたことが相違しています。(17)

アダム・スミスは私利の追求が市場の「見えざる手」を通じて、公益につながるものと考えましたが、渋沢栄一は公益追求を優先することが、私利の充足にもつながるとしています。

アダム・スミスも単に「レッセフェール」(自由放任主義)を標榜したわけではありません。前述した通り、レッセフェールが許されるのは、「道徳基準を確立した人」であると主張しているのです。

ただ、経営学者で一橋大学教授の田中一弘《かずひろ》氏をはじめとして、渋沢栄一を経済学の父と呼ばれるアダム・スミスと並べ、二人の共通項について議論している研究者が海外を含めて複数いるということは渋沢栄一の偉大さを示しているものだといえるでしょう。

マックス・ヴェーバー——プロテスタンティズムの倫理と資本主義の精神

1905年に刊行されたマックス・ヴェーバーの『プロテスタンティズムの倫理と資本主義の精神』は、20世紀を代表する名著中の名著といえるでしょう。

> マックス・ヴェーバー（1864〜1920）はドイツの政治学者・経済学者・社会学者。社会学という学問領域を打ち立てた人物。比較宗教学・支配の類型学・官僚制度の研究で特筆すべき成果をあげた。主著は、『プロテスタンティズムの倫理と資本主義の精神』『職業としての政治』『職業としての学問』『支配の諸類型』等。1920年当時蔓延していたスペイン風邪により死去。

マックス・ヴェーバーの『プロテスタンティズムの倫理と資本主義の精神』は、オランダや英国、米国などのプロテスタンティズムの強い支配にある国では近代資本主義が早く発達した一方、イタリアやスペインなどのようにカトリックの影響が強い国では資本主義の発達は遅れたが、その理由は何かというところから論が始まります。

オランダや英国、米国などで有力なプロテスタンティズムは、極めて禁欲的で金儲けを強硬に否定する宗教なのに、何故オランダや英国、米国で近代資本主義が発達したのかという問いです。金儲けに正当性が与えられない社会では、金儲けは当然抑制され、近代資本主義社会へと発展することはないはずだからです。

しかし、最初から利益の追求を目的とするのではなく、禁欲的な生活をもって勤勉に働き、その結果として利潤を得るならば、その利潤は、安くて良質な財・サービスを隣人に提供したという隣人愛の結果であるという説が生まれました。皮肉なことに、金儲けに否定的な禁欲的宗教が、金儲けを積極的に肯定する論理と近代資本主義を生み出したのです。

カトリック圏は、長い昼食時間を取り、日没とともに仕事を終えるという風習がかつてありましたが、プロテスタント圏の国では、日常生活のすべてを信仰と勤労に捧げ、結果として人間社会の生産力を大幅に引き上げ、貯蓄が増加し、増加した貯蓄が再投資され、資本主義の発展につながったのです。

ただ、近代化が進むにつれて、信仰心が薄れていくと、宗教的な色彩が薄まり、利潤追求自体が自己目的化するようになりました。利潤追求が自己目的化した社会は、人々の内面的な倫理観に支えられたものではなくなります。マックス・ヴェーバーは、そこに現代資本主義の存続の危機があると指摘しました。

資本主義の健全な発展のために、「内面的な倫理」が必要だが、すでにその倫理は失われているというのが、マックス・ヴェーバーの結論です。

資本主義を生み育てたプロテスタント的倫理がほぼ失われた現在、資本主義の暴走・企業経営の暴走を食い止めるために、様々な工夫がなされています。監事機能の充実や監査の強化、コンプライアンス強化はもとより、今叫ばれているCSR（Corporate Social Responsibility＝企業の社会的責任）の自覚も重要でしょう。

ただ、コンプライアンス強化やCSRの導入といっても、単に経営手法としての技術的採用であっては、効果も薄く、永続性は期待できないでしょう。「道具」としての導入だけでは真の効果は出ないのです。コンプライアンス強化やCSRの導入は、企業経営者が強く意識し信じている道徳観・倫理観がバックにあってこそ強力な効果があり、真の意義が出てくるというものではないでしょうか。

文化発展の最後に現われる「末人たち」にとっては、次の言葉が真理となるのではなかろうか。「精神のない専門人、心情のない享楽人。この無《ニヒツ》のものは、人間性のかつて達したことのない段階にまですでに登りつめた、と自惚れるだろう」と。(18)

このヴェーバーの文章について、東京外国語大学名誉教授の中野敏男氏は「近代資本主義の進展が結果として生み出していく人間像、その貧しく一面化して歪んだ形の行く末（中略）を予見したものと理解され、広く知られて」いると評しています。(19)

プロテスタンティズムの倫理という支柱を失った後の資本主義について、ヴェーバーの予見は、底なしの悲観に満ちているように思えるのです。

――ジョンソン・エンド・ジョンソンの事例――タイレノール事件と「Our Credo」

この道徳観という問題につき、ジョンソン・エンド・ジョンソンという企業について考えてみましょう。この企業は米国を本拠とする、薬品、医療機器、バンドエイドなどを製造販売する多国籍企業グループです。

この企業がユニークなのは、1943年ニューヨーク証券取引所に上場した際に策定した「Our Credo（我が信条）」をベースにした企業経営をずっと続けていることです。この「Our Credo」は、①顧客への責任、②社員への責任、③社会への責任、④最後に株主への責任、の4項目で構成されており、株主第一主義が一般的な米国に本拠を置く会社としては珍しく株主への責任を最後に掲げています。

1982年、シカゴで、ジョンソン・エンド・ジョンソンの製品である、頭痛薬（タイレノール）に毒物が混入され、7人が死亡するという事件が発生しました。ジョンソン・エンド・ジョンソンは直ちに全米から製品を回収し、大規模なTV広告によってタイレノール使用中止を呼び掛けました。

一部反対意見があったにもかかわらず経営者は、これを振り切って、多額の資金を投じて、即断行動したのです。

このタイレノール事件は、危機管理・コンプライアンス関連の教科書には必ず載っている有名な事件ですが、捜査当局の制止を振り切ることができたのは、ことあるごとに顧客本位を掲げる「Our Credo」を幹部以下全社員に徹底していたことによるものだと分析されています。

CSRを語ることは簡単ですが、実行するためには、日頃から「Our Credo」のような倫理観を徹底していないといけないということかもしれません。「Our Credo」にはキリスト教では「信仰告白」という意味があります。現代においてもキリスト教的精神を企業経営に活かし実践している事例です。

ただ、ジョンソン・エンド・ジョンソンが目立つのは、ある意味それ以外の欧米の企業・多国籍企業に倫理的行動原理が働いていないからともいえるかもしれません。

「義利合一論」と「道徳経済合一説」の意義

翻って、渋沢栄一の「道徳経済合一説」と三島中洲の「義利合一論」は、ある意味画期的です。

まず、江戸時代後期までに蔓延していた、「義」を重んじる一方で「利」を軽んじるということは間違いで、「義」と「利」は合一で、同時に追求できるものであることを強く主張しました。これが明治期以降の商業・工業の発展を思想的に支えたといえましょう。

加えて、利の追求を認める一方で、企業経営に「論語」による道徳的規律を求めています。「論語」は当時の人々には親しみのある道徳的規律の書物でした。拝金主義の企業経営ひいては資本主義の暴走を止めるための装置を、日本に根付いた「論語」に求めることによって、形だけではない、内面的な道徳観・倫理観により支えられた健全な企業経営・資本主義を実現しようとしたのです。これは経済思想史の面でも、大変ユニークで画期的なことであったと考えられます。

(6)「道徳経済合一説」と「義利合一論」の現代的意義

――ドラッカーの渋沢栄一への賛辞

P・F・ドラッカーは、経営学の分野においてマネジメント論を体系化した「知の巨人」ですが、ドラッカーは渋沢栄一に強い関心をもって研究し、渋沢栄一の経営思想を高く評価しています。

P・F・ドラッカー（1909〜2005）は米国の経営学者。ユダヤ系オーストリア人として生まれたが、ナチスの台頭を受け米国に移住。米国籍を取得（1943年）。ニューヨーク大学教授等を歴任。企業を自治的な社会共同体を形成する制度と捉え、企業経営については連邦的な分権制に基づく目標管理手法の導入を主張した。欧米のみならず、日本の経営者にも多大な影響を与えた。初期の主著『経済人の終わり』（1939年）で、独ソ不可侵条約やユダヤ人大量虐殺を予言した。他の主著に『断絶の時代』『マネジメント』などがある。日本画の収集家としても知られる。

なお、岩崎夏海の小説『もし高校野球の女子マネージャーがドラッカーの「マネジメント」を読んだら』（もしドラ）は野球部の女子マネージャーが、ドラッカーの『マネジメント』の内容を部の改革に活かすストーリーとなっている。

ドラッカーの『マネジメント　課題・責任・実践』には、以下のような記述があります。

日本では、官界から実業界へ転身した渋沢栄一（一八四〇〜一九三一年）が、一八七〇年代から八〇年代にかけて、企業と国益、企業と道徳について問題を提起した。のみならず、マネジメント教育に力を入れた。プロフェッショナルとしてのマネジメントの必要性を世界で最初に理解したのが渋沢だった。明治期の日本の経済的な躍進は、渋沢の経営思想と行動力によるところが大きかった。[20]

率直にいって私は、経営の「社会的責任」について論じた歴史的人物の中で、かの偉大な明治を築いた偉大な人物の一人である渋沢栄一の右に出るものを知らない。彼は世界のだれよりも早く、経営の本質は「責任」にほかならないということを見抜いていたのである。[21]

また、「彼（渋沢栄一）は会社経営に儒教道徳を持ち込むことによって、会社を人間に役立つものにしようとした。そして、第二次世界大戦後日本の大企業は、渋沢のイメージに沿って発展していった」[22]とまで記しています。

ドラッカーが、水墨画、南画を中心とする日本画の大ファンで日本贔屓《びいき》の人間だったことを割り引いても、大変高い評価だと言えましょう。

渋沢栄一思想のアジアへの展開

渋沢栄一の『論語と算盤』は平成6（1994）年中国語に翻訳され、多くの読者を得ています。中国出身の歴史研究家でプリンストン大学の余英時《よえいじ》名誉教授は、中国語訳の『論語と算盤』を読み、渋沢栄一の「士魂商才《しこんしょうさい》」について高く評価しています。

中国においては、近年の拝金主義の横行もあって、儒教道徳を見直していこうとする動きが起きています。陽明学を基本に経済活動の道徳律を考えた渋沢栄一の研究は、中国で盛んになっています。

また、朴暎美《ぱくよんみ》氏の「渋沢栄一を偲ぶ朝鮮の人々」や丁世絃《ちょんせひょん》氏の「渋沢栄一の儒教活動」といった論文が発表されるなど、韓国の研究家による渋沢栄一研究も活発化しています。

現代社会における意義

山田方谷から三島中洲、さらに渋沢栄一へ至る陽明学の系譜を辿ってきました。近代日本の創生に「思想基盤」としての陽明学が果たしてきた役割は大きなものがあると言えましょう。

また、渋沢栄一の「道徳経済合一説」と三島中洲の「義利合一論」は、利益追求を認める一方で、企業経営・経済活動には、道徳的規律や倫理観を忘れてはいけないことを強調しています。

現代においては、利益追求のみを目指した企業経営・経済活動が跋扈《ばっこ》し、結果として様々な企業の不祥事やコンプライアンス問題が発生しています。しかも、経済のグローバル化がこうした傾向をさらに加速させているようにも思えます。

こうした時代にあっては、渋沢栄一の「道徳経済合一説」と三島中洲の「義利合一論」をもう一度見直し、再評価していくことが必要だと思います。

渋沢栄一が2024年から新しい1万円札の肖像を担うことになるわけですが、これを期に渋沢栄一の「道徳経済合一説」と三島中洲の「義利合一論」が提起した意義を再検討していく時期にきているのではないでしょうか。

(1)三島中洲「中江藤樹伊藤仁斎両先生（明治四十年十一月十七日　贈位故賢記念会講演）」（『中洲講話』所収、文華堂、1909年）
(2)山田琢・石川梅次郎『叢書・日本の思想家41　山田方谷・三島中洲』明徳出版社、1977年
(3)2019年に行われた中国銀行会長・宮長雅人氏の講演資料「山田方谷と中国銀行」を参照
(4)『二松』第二号（二松學舍專門學校校友會、1929年）の「澁澤子爵講話」より抜粋。（）内の補足は編者
(5)町泉寿郎「二松学舎と陽明学」（『渋沢栄一と「フィランソロピー」1　渋沢栄一は漢学とどう関わったか「論語と算盤」が出会う東アジアの近代』所収、ミネルヴァ書房、2017年）
(6)三島中洲「道徳経済合一説（明治四十一年十一月二十八日　哲学会講演）」（『中洲講話』所収）
(7)三島中洲著、石川忠久編『三島中洲詩全釈』第三巻、学校法人二松学舎、2015年
(8)同書

(9) 渋沢栄一『論語講義』(二松學舍大学出版部、1975年)の「巻の一　総説」より抜粋
(10) 『二松』第一号、二松學舍専門學校校友會、1928年
(11) 二松学舎小史編集委員会編『明治10年からの大学ノート』三五館シンシャ、2017年(3版)
(12) 渋沢青淵記念財団竜門社編『渋沢栄一伝記資料』二十六巻、1959年
(13) 埼玉県教育委員会編『埼玉人物事典』埼玉県、1998年
(14) アダム・スミス著、水田洋訳『道徳感情論』上巻、岩波文庫、2003年
(15) 同書
(16) 見城悌治『渋沢栄一　「道徳」と経済のあいだ』日本経済評論社、2008年
(17) 田中一弘『「良心」から企業統治を考える』東洋経済新報社、2014年
(18) マックス・ヴェーバー著、大塚久雄訳『プロテスタンティズムの倫理と資本主義の精神』(岩波文庫、1989年)の「禁欲と資本主義精神」の項を参照
(19) 中野敏男『ヴェーバー入門　理解社会学の射程』筑摩書房、2020年
(20) P・F・ドラッカー著、上田惇生訳『ドラッカー名著集13　マネジメント　課題・責任・実践』上巻(ダイヤモンド社、2008年)の「第2章　マネジメント・ブームの教訓」より抜粋

(21) Ｐ・Ｆ・ドラッカー著、野田一夫・村上恒夫監訳『マネジメント　課題・責任・実践』上巻（ダイヤモンド社、１９７４年）の「日本訳版への序文」より抜粋

(22) Peter F. Drucker, *The Ecologicial Vision*, Transaction Publishers, 1992／編者訳

第5章

山田方谷、三島中洲、渋沢栄一——三人の絆

（1）山田方谷・三島中洲の故郷岡山県と二松学舎との絆

倉敷市と二松学舎の交流

山田方谷《ほうこく》と三島中洲《ちゅうしゅう》、渋沢栄一は陽明学という思想的な絆《きずな》をもっていました。また、この三人はその幅広い活動により、後世に様々な絆を残しています。

三島中洲の出身地である岡山県倉敷市と二松学舎は「連携協力協定」を結んでいます。2016年3月に二松学舎学長、文学部長が締結のために倉敷に赴き、倉敷市の伊東香織市長と二松学舎菅原淳子学長（当時）との間で正式に調印されました。学芸・文化観光等の分野において、双方の資源を有効に活用し、事業の充実を図り、地域社会の持続的な発展に寄与することが目的です。

2015年3月には倉敷市立美術館講堂で、「近代東アジアの漢学と教育」をテーマにシンポジウムが開催されました。このシンポジウムでは、近代以降の国際的拡がりのなかで、漢学及び漢学者が果たした役割について、学術・教育制度・宗教・実業といった多面的観点から、議論が行われました。

山田方谷・三島中洲が共に登城し、勤務した備中松山城（巻頭写真）は、岡山県高梁《たかはし》市の急峻《きゅうしゅん》な臥牛《がぎゅう》山（標高487メートル）頂上付近に築かれています。山上の天守閣からは周囲が一望に見渡せ、全国的にも有名な山城です。麓の市街から松山城まで徒歩で直登すると結構な登山になります。

この城の城壁と石垣は2016年のNHK大河ドラマ「真田丸」のオープニング画面でも使用されていたので写真に見覚えのある方もいるのではないでしょうか。

二松学舎は高梁市とも大変懇意な関係にあります。2017年10月、二松学舎大学中洲記念講堂において、「大政奉還150周年記念行事」が開催されました。大政奉還150周年記念委員会（会長・橋本徹日本政策投資銀行元社長）の主催で、徳川家広氏（徳川宗家19代）出席のもと、徳川斉正氏（水戸徳川家15代当主）が水戸学と大政奉還との関係について講演されました。この席に近藤隆則高梁市長も同席され、幕末において備中松山藩が果たした役割について興味深い講演も行われました。

渋沢栄一関連の各種シンポジウム

二松学舎には、元舎長である渋沢栄一が残した講演録や写真などが残されています。現在も渋沢栄一の残した書籍や記録を基にして、渋沢栄一関係の各種シンポジウムを開催しています。

また、東京都北区飛鳥山公園にある渋沢栄一の旧邸跡に渋沢史料館が建っていますが、その館長の井上潤氏には、二松学舎で何度も渋沢栄一関連の講演をお願いしています。2019年12月には、二松学舎主催の「『論語』の学校」において、「『論語』を規範とした渋沢栄一の事業経営哲学」をテーマに登壇いただきました。

シンポジウム関連の中で特筆すべきは、見城悌治《けんじょうていじ》氏（千葉大学国際教養学部准教授）、井上潤氏らが中心となって進めている研究集団「渋沢栄一と『フィランソロピー』」で、渋沢栄一関連の研究書全8巻を連続的に発刊しています。二松学舎大学文学部中国文学科教授で本書の監修も担当する町泉寿郎《まちせんじゅろう》もこの集まりで中核的な仕事を推進しており、第1巻『渋沢栄一は漢学とどう関わったか』（ミネルヴァ書房、2017年）では編著者を務めています。

（2）渋沢栄一恩顧の大学のつながり

渋沢栄一恩顧の三大学

渋沢栄一が関わった大学等教育機関は、『渋沢栄一伝記資料』によれば、実業教育関連機関48校、女子教育関連機関27校、その他教育関連機関89校、合計164校にのぼっています。

そうした中で、渋沢栄一の関わりが深いのは、東京高等商業学校（現・一橋大学）、校長を務めた日本女子大学校（現・日本女子大学）、舎長を務めた二松学舎（現・二松学舎大学）の三校ではないでしょうか。

埼玉県深谷市の渋沢栄一記念館には、渋沢栄一が関わった教育機関の展示コーナーがあり、一橋大学、日本女子大学、二松学舎大学の三校と渋沢栄一との関わりが、写真を交えて展示・説明されています。

東京高等商業学校・申西事件

東京高等商業学校（現・一橋大学）の淵源は、初代文部大臣・森有礼《ありのり》が明治8（1875）年8月、銀座尾張町に私塾商法講習所を作り、米国のビジネススクールに近い教育を目指したことに始まります。その後、渋沢栄一が会頭となっていた東京会議所（現・東京商工会議所）が、商法講習所を引き取り、学校として創立に導いたものです。その意味で、東京高等商業学校と渋沢栄一は設立当初から関わりが大変強いものがありました。

渋沢栄一は、銀行等の発展を支える優秀な人材を育成するためにも、ひいては財界・産業界の地位向上を目指すうえでも、商業関係の学を講じる学校・大学の重要性を十分認識していました。

東京高等商業学校は、卒業生を対象とする「専攻部」を設置するなど、大学への昇格を目指していました。ところが、明治41（1908）年、当時の文部省は、東京帝国大学（現・東京大学）内に経済学科、商業学科を設置する方針を立て、東京高等商業学校の大学昇格を阻止したうえ、東京帝国大学への事実上の吸収を画策しました。

こうした文部省の動きに対し、東京高等商業学校の学生が猛反発し、学生大会を開催して学生総退学を決議するなど、年を跨いで大いに紛糾しました。明治41年（戊申《ぼしん》）と翌42年（己酉《きゆう》）の干支の字を併せ、申酉《しんゆう》事件と呼ばれています。

この時点で、東京高等商業学校の商議員であった渋沢栄一が調停に乗り出し、商工会議所や父兄会を巻き込んで、文部省と折衝し、東京高等商業学校の東京帝国大学への吸収を食い止めました。

これを一つの契機として、東京高等商業学校は、大正9（1920）年専攻部を礎に大学昇格を実現させます。現在の一橋大学図書館には渋沢栄一の胸像が建てられており、恩人渋沢栄一を称えています。

日本女子大学校第三代校長

明治19（1886）年、渋沢栄一は伊藤博文と協力して女子教育奨励会を創設し、2年後、東京女学館を創立しました。渋沢栄一は、早くから女子高等教育に理解を示しています。

日本女子大学校（現・日本女子大学）は、キリスト教牧師の成瀬《なるせ》仁蔵《じんぞう》が明治34（1901）年に設立した日本初の女子高等教育学校です。成瀬仁蔵は米国留学中に、女子教育を研究し、米国各地の女子大学の見学を行っています。この、日本女子大学校はNHKの朝の連続テレビ小説「あさが来た」の主人公のモデル・広岡浅子が創立の発起人であった大学でもあります。

成瀬仁蔵は、日本における女子大学設立に向けて、明治29（1896）年渋沢栄一を訪問。渋沢栄一は成瀬の熱意と学校設立の努力に感動し、日本女子大学校の設立に深く関わっていきます。明治34（1901）年4月、日本女子大学校が誕生します。

成瀬仁蔵は、大正8（1919）年に死去しますが、成瀬の死後も、渋沢栄一は評議員に就任し、多額の寄付や建物の寄贈（洋風寮「晩香寮」）などの財政面での支援のみならず、女子高等教育推進のための講演なども行って、積極的な支援を行っています。

渋沢栄一は成瀬仁蔵に対しての深い敬意を終生忘れることはありませんでした。成瀬仁蔵に対する渋沢栄一の言葉が残っています。

私は、（中略）高等女学校ですら問題になっている時に、まして女子の高等教育機関が何のよるべき所もなくて果してよく組立てられるゝかどうかを大なる疑問としました。併《しか》し成瀬校長はかゝる事には少しも顧慮《こりょ》せざるものゝ如く、一意専心其理想《いちいせんしんその》を行って行かれました。果して関係者は其熱誠《ねっせい》に深き感動を与えられ次第に助力する人を増して参りました。私もその一人なのであります。(1)

渋沢栄一は昭和6（1931）年には、91歳の高齢で、日本女子大学校の第三代校長に就任し、死去するまで任を務めました。渋沢栄一は女子教育の歴史においても大きな足跡を残しているのです。(2)

渋沢栄一と二松学舎

三島中洲が設立した二松学舎の塾生は明治14（1881）年、300名を数えます。これは福沢諭吉（1834～1901）の慶應義塾、中村正直（敬宇《けいう》、1832～91）の同人社などと肩を並べる数字でした。しかしながら、漢学自体は衰退の道を歩み、明治20年頃にはほとんどの漢学塾は廃業に向かいます。

塾といえども経営が成り立たなくなれば閉めなければなりません。先述のように三島中洲は晩年、二松学舎の継続を危ぶんで渋沢栄一に助力を求めます。渋沢栄一は二松学舎との関係は三島中洲との個人的な縁故によるものとして、容易に承諾しませんでしたが、中洲の請願により、二松学舎の経営への参画を引き受けました。この間の経緯を渋沢栄一は次のように語っています。

中洲先生から舎長を頼まれました時、私は先生の様な御丈夫な御身体に比べて、其《そ》れまで生きて居《い》られるかどうか分りませんと申ました。其の時先生は八十幾歳かであって、九十になられた前だったと思います。先生はあなたは私よりも十余りも下であるからやれる。兎《と》に角《かく》息のあるまでやってくれと仰せになり、私としても九十の歳を先生同様に迎える事は、其当時予期して居《お》りませんでしたが、止むを得ず御言葉に従い、御引受けした様な訳であります。(3)

渋沢栄一は70歳の高齢で二松義会（二松学舎の基盤組織）の顧問を引き受け、大正6

（1917）年には理事・会長に就任、大正8（1919）年には第三代二松学舎舎長に就任し、二松学舎の経営を牽引しました。

大正8年5月12日、三島中洲は自宅で死去します。葬儀は青山斎場で行われ、渋沢栄一が「霊前で、生ける友に物言う様に告別の辞を述べられた(4)」との記録が残っています。

昭和3（1928）年4月には、渋沢栄一の尽力により、二松学舎専門学校が発足し、国語・漢学教員養成学校としての二松学舎の基礎が固まりました。この専門学校の設立にあたって、渋沢栄一は政財界に対し寄付金募集の呼びかけを行ったほか、自らも多額の寄付を実施しています。

渋沢栄一は、二松学舎で論語に関する講演・講義を何度も行っています。大正14（1925）年10月、渋沢栄一は『論語講義』（二松学舎出版部）を出版します。この『論語講義』は渋沢栄一が大正12（1923）年から大正14（1925）年まで二松学舎で行った論語関係の講義をまとめたものです。この中で、渋沢栄一自身の体験を基に、論語の精神をもって企業経営し、論語と算盤・道徳と経済を一体と考える思想があらためて示されています。

渋沢栄一関係の三大学によるシンポジウム開催

2019年8月二松学舎大学で、渋沢栄一が関わった三大学の研究者が参加して「第三回漢学者記念館会議」が開催されました。

渋沢栄一に対する恩を共通にもつ大学の教員同士で、学問領域内での議論を超えた、ユニークなシンポジウムになったと感じています。今後とも機会を見つけて、三大学での渋沢栄一シンポジウムの開催を企画していきたいと考えています。

こうした、横断的なシンポジウムの開催ができるのも、渋沢栄一が結んでくれた縁の証なのかもしれません。

(1) 渋沢栄一「老軀を提げて故成瀬氏の遺志完成に」(『渋沢栄一伝記資料』四十四巻所収)

(2) 任夢渓《にんむけい》「女子教育の近代化と渋沢栄一―『女大学』から日本女子大学の創設へ―」(『渋沢栄一と「フィランソロピー」1 渋沢栄一は漢学とどう関わったか「論語と算盤」が出会う東アジアの近代』所収、ミネルヴァ書房、2017年)

(3)『二松』第二号（二松學舍專門學校校友會、1929年）の「澁澤子爵講話」より抜粋
(4)「大石亀次郎氏回顧文」（『二松学舎百年史』所収、1977年）

エピローグ　漱石アンドロイド・渋沢アンドロイドのつながり

アンドロイドとは

アンドロイドとは何でしょうか。日本大百科全書によると、「ヒューマノイドロボット（人間型ロボット）の一種。ギリシャ語のandrós（人間、男性）からの合成語である」とされています。SF映画鑑賞を趣味にしている方ならば、リドリー・スコット監督の名作「ブレードランナー」や続編「ブレードランナー2049」に出てくるレプリカント（アンドロイド）を思い浮かべるかもしれません。

「ブレードランナー」のアンドロイドはアンドロイド自身が「自分は人間なのかアンドロイドなのか」と哲学的に悩むレベルです。現代の技術ではそこまで人間に肉薄することはできませんが、最近のロボット技術の急速な発展には目を見張るものがあり、ほとんど人間に近いようなアンドロイドの製作が可能になってきています。

日本は世界的にみてアンドロイド研究の最先端を走っている国ですが、その先端研究を牽引しているのが、大阪大学大学院基礎工学研究科の石黒浩教授です。

――漱石アンドロイドの制作

二松学舎では創立140周年記念事業として、二松学舎でかつて学び、2016年に没後100年、2017年に生誕150年を迎えた夏目漱石をアンドロイドとして甦らせる「漱石アンドロイドプロジェクト」を立ち上げました。

二松学舎が教育目標に掲げる「国語力」の象徴である夏目漱石をモデルに、石黒浩教授監修のもと、漱石のデスマスクや写真等多くの資料を保持する朝日新聞社、夏目漱石のご嫡孫夏目房之介氏（アンドロイドの音声を作成するために不可欠な「音素提供」者）の協力を得て、漱石アンドロイドを制作、2016年12月8日に完成し、披露の記者会見を行いました。

この漱石アンドロイドを用いて、漱石作品の朗読授業を実施したり、大阪大学と二松学舎大学が共同で漱石アンドロイドに対する聴衆の反応を調べる各種の心理実験を行ったりしています。

2017年度に挙行した二松学舎創立140周年式典において、漱石アンドロイドが、かつて漱石が二松学舎に在籍していたときの状況も踏まえ、記念祝辞を述べました。また、2018年度には、二松学舎大学附属高校創立70周年記念式典、2019年度には、二松学舎大学附属柏高等学校創立50周年・柏中学校創立10周年記念祝賀会において、「草枕」の冒頭部分を引用しつつ、祝賀スピーチを行っています（巻頭写真）。

英語によるスピーチが可能に

漱石アンドロイド制作の主目的は学生への朗読講義です。大学・附属高校・附属柏高校・附属柏中学校の学生生徒を対象に、断続的に朗読講義、授業を実施しており、朗読プログラムとしては、「夢十夜『第一夜』」、「夢十夜『第三夜』」、「吾輩は猫である」、「坊っちゃん」、「こころ」という漱石作品を揃えています。

また、「漱石の自己紹介」、「私の個人主義」（漱石が学習院大学で行った講演記録）、「『論語と算盤』（渋沢栄一の著作の冒頭部分）の紹介」が収録済みで授業等で活用しています。

朗読プログラム「夢十夜『第一夜』」はこちらから聴けます>>>

　２０１９年には、英語による音素・プログラム登録を実施し、漱石アンドロイドが英語によるスピーチを行うことが可能となりました。

　２０１９年11月24日に二松学舎で開催された日本近代文学会・昭和文学会・日本社会文学会合同国際研究集会において、漱石アンドロイドがウィリアム・シェイクスピアの「マクベス」の原文（第三幕）と夏目漱石のエッセイ「マクベスの幽霊に就《つい》て」の朗読・講演を行っています。

　朗読対象となったマクベスのこの部分は、マクベス本人、マクベス夫人などと複数の登場人物が登場します。これには、収録した夏目房之介氏の音声を活用し作成した英語の人工音声の音域や音速を複数段階設定することによって対応したところ、英米からの出席者からも「英語として聞き取りやすい」、「複数の録音もしくは音素提供者がいるように聞こえるなど真に迫っている」などといった声が聞かれ、総じて好評でした。

この漱石アンドロイドの講演内容は二松学舎大学文学部山口直孝教授の監修によっています。

2019年11月24日　三学会合同国際研究集会での漱石アンドロイド講演

こんにちは、夏目漱石です。

「文学のサバイバル　ネオリベラリズム以後の文学研究」にようこそお越しくださいました。

今日は日本近代文学会・昭和文学会・日本社会文学会合同の国際研究集会ということで、英文学と私についての話でもしてみようかと思います。

そもそも幼少期から漢籍に親しんでいた私は、漢学を学ぶために二松学舎の門を叩いたわけですが、文明開化の世の中にふさわしい学びを得ようと英学を志すようになりました。

（中略）

大学を卒業後、3年ほど教鞭を執り熊本第五高等学校の教授をしていた頃に文部省から命じられ留学することになりました。正直、留学には乗り気ではありませんでしたが、国から仰せつかったものですから、行かざるを得ません。こうして、1900年から2年ほどの間、私は英国で生活することになります。

（中略）

ただ実のところ、英国での生活は当然のことながら苦労も多いものでした。結果、神経衰弱に悩まされ、それが原因で胃の調子も芳しくなく……ああ、今思い出しただけでも具合が悪くなりそうです。

（中略）

これから朗読するのは、「ハムレット」の作者、シェイクスピアの「マクベス」に登場する幽霊の存在について記した「マクベスの幽霊に就《つい》て」という作品です。

その文章で、シェイクスピアの劇「マクベス」第三幕第四場に登場する幽霊について3つの問いを立てました。

（中略）

私の書いた「マクベスの幽霊に就て」を読む前に、シェイクスピア「マクベス」で幽霊が登場する部分を読んでみましょう。

LADY MACBETH : What, quite unmann'd in folly?
MACBETH : If I stand here, I saw him
LADY MACBETH : Fie, for shame!
MACBETH : Blood hath been shed ere now, i' the olden time,
Ere humane statute purged the gentle weal;
Ay, and since too, murders have been perform'd
Too terrible for the ear: the times have been,
That, when the brains were out, the man would die,
And there an end; but now they rise again,
With twenty mortal murders on their crowns,
And push us from our stools: this is more strange
Than such a murder is.
LADY MACBETH : My worthy lord,
Your noble friends do lack you.
MACBETH : I do forget.
Do not muse at me, my most worthy friends;
I have a strange infirmity, which is nothing
To those that know me. Come, love and health to all;
Then I'll sit down. Give me some wine; fill full.
I drink to the general joy o' the whole table,
And to our dear friend Banquo, whom we miss;
Would he were here! to all, and him, we thirst,
And all to all.
Lords : Our duties, and the pledge.
MACBETH : Avaunt! and quit my sight! let the earth hide thee!
Thy bones are marrowless, thy blood is cold;
Thou hast no speculation in those eyes
Which thou dost glare with!
LADY MACBETH : Think of this, good peers,
But as a thing of custom: 'tis no other;
Only it spoils the pleasure of the time.
MACBETH : What man dare, I dare:
Approach thou like the rugged Russian bear,
The arm'd rhinoceros, or the Hyrcan tiger;
Take any shape but that, and my firm nerves
Shall never tremble: or be alive again,
And dare me to the desert with thy sword;
If trembling I inhabit then, protest me
The baby of a girl. Hence, horrible shadow!
Unreal mockery, hence! (1)

シェイクスピア「マクベス」

MACBETH：Here had we now our country's honour roof'd,
Were the graced person of our Banquo present;
Who may I rather challenge for unkindness
Than pity for mischance!
ROSS　：His absence, sir,
Lays blame upon his promise. Please't your highness
To grace us with your royal company.
MACBETH：The table's full.
LENNOX：Here is a place reserved, sir.
MACBETH：Where?
LENNOX：Here, my good lord. What is't that moves your highness?
MACBETH：Which of you have done this?
Lords　：What, my good lord?
MACBETH：Thou canst not say I did it: never shake
Thy gory locks at me.
ROSS　：Gentlemen, rise: his highness is not well.
LADY MACBETH：Sit, worthy friends: my lord is often thus,
And hath been from his youth: pray you, keep seat;
The fit is momentary; upon a thought
He will again be well: if much you note him,
You shall offend him and extend his passion:
Feed, and regard him not. Are you a man?
MACBETH：Ay, and a bold one, that dare look on that
Which might appal the devil.
LADY MACBETH：O proper stuff!
This is the very painting of your fear:
This is the air-drawn dagger which, you said,
Led you to Duncan. O, these flaws and starts,
Impostors to true fear, would well become
A woman's story at a winter's fire,
Authorized by her grandam. Shame itself!
Why do you make such faces? When all's done,
You look but on a stool.
MACBETH：Prithee, see there! behold! look! lo! how say you?
Why, what care I? If thou canst nod, speak too.
If charnel-houses and our graves must send
Those that we bury back, our monuments
Shall be the maws of kites.

英語を大勢の方の前で読むのは少々緊張しました。

いかがだったでしょうか。

それでは続いて、私の書いた「マクベスの幽霊に就て」を読んでみましょう。


「マクベスの幽霊に就て」

最後に解釈すべきは、マクベスの見たる幽霊は幻怪とすべきか、又た幻想とすべきかの問題なり。

客観的に真物の幽霊を舞台に出すを否とするに就て二説あり。

一は此幽霊は独りマクベスの目に触るゝのみにて、同席の他人の瞳孔に入らざるが故に、何人の眼にも映《えい》ずる実物を場に登《のぼ》すは、当を得たるものにあらずとの考なり。クラーク、ケンブル、ナイトの諸人之《これ》を主張す。

一は此幽霊たる単にマクベスの妄想より捏造《ねつぞう》せられたる幻影の一塊に過ぎざるを以て、之を廃すべしとの意なり。

第二の幽霊に就てハドソン之を固持す。

第一の説は理に於《おい》て妥当なるも、之を廃したりとて感興を引くの点に於て必ずしも実物の幽霊に勝らず。

屢《しばし》ば云える如く、此劇の中心はマクベスなり。

マクベスに対する観客の態度はマクベスと列席する臣僚の態度と同じからず。

吾人は此中心点なるマクベスの性格の発展を迹《あと》づけん事を要す。

故に吾等《われら》観客はマクベスの臣僚よりもマクベスに密接の関係ありて、又彼等よりも一層マクベスの心裏に立ち入るの権利を作者より与えられたるものと仮定して可なり。

吾人の劇を観るや、劇を観るの前に当って予め此仮定を認識せるものなり。

故に此点より論ずれば一座の人に見る能《あた》わざる幽霊が、観客の眼に入りたりとて不都合なき訳なり。

又第二説に対しては余は下の如き意見を持す。

文学は科学にあらず。

科学は幻怪を承認せざるが故に、文学にも亦《また》幻怪を輸入し得ずと云うは、二者を混同するの僻論《へきろん》なりと。

去《さ》れど文芸上読者若《も》しくは観客の感興を惹き得ると同時に、又科学の要求を満足し得んには、何人も之を排斥するの愚をなさざるべし。

唯単《ただたん》に科学の要求を満足せしめんが為に詩歌の感興を害するは、是《これ》文芸をあげて科学の犠牲たらしむるものと云わざる可らず。

マクベスの幽霊は科学の許さざる幻怪なるが為に不可なるにあらず、幻怪なるが為に興味を損するが故なりと云わざる可らず。

科学の許す幻想なるが為に可なりと説くべからず、幻想とせば幾段の興味を添え得るが為に可なりと論ずべし。

而《しこう》して此光景にあつて実物の幽霊を廃するときは、劇の興味上何等の光彩を添えずして、却って之を減損するの虞《おそれ》ある事前に述べたる如くなれば、余は此幽霊を以て幻怪にて可なりと考ふ。

若くはマクベスの幻想を吾人が見得るとし、其見得る点に於て幻怪として取扱って不可なき者と考ふ。

第三の問題に関して今少し詳論の上明暢《めいちょう》なる解決をなさんと思えど時日乏しくして遺憾ながら其意を得ず行文思想蕪雑《ぶざつ》なり読者推読あらん事を希望す。(2)

「マクベス」の朗読はこちらから聴けます>>>

他校でも講演。高校生の熱気に圧倒

2017年11月には、「坊っちゃん」ゆかりの松山市の愛媛県立松山東高校で、漱石アンドロイドによる講演を実施しました。松山東高校は、かつての愛媛県尋常中学校で、漱石が実際に勤務していた学校です。そして、小説「坊っちゃん」の舞台となったところです。

松山東高校では、体育館に全校生徒とOBの方々が集まり、漱石アンドロイドが挨拶のうえ、「私の個人主義」の一節を披露し、その後生徒代表との対話が実現しました。会場は大変な盛り上がりようで、高校生たちの熱気に圧倒されました。

漱石アンドロイドのシンポジウム

2018年8月には「誰が漱石を甦らせる権利をもつのか？　偉人アンドロイド基本原則を考える」というテーマでアンドロイドの人格権を考えるシンポジウムを開催しま

した。オープニングアクトとして、劇作家の平田オリザ氏作・演出の漱石アンドロイド演劇「手紙」が上演され（巻頭写真）、歌人・正岡子規（1867〜1902）と漱石の友情をテーマとした演劇が新鮮な感動を与えました。

またその後、夏目房之介氏、平田オリザ氏、石黒浩氏、福井健策氏（弁護士）、山口直孝氏、島田泰子氏（二松学舎大学文学部教授）、谷島貫太氏（二松学舎大学文学部専任講師）らにより、夏目漱石との関係で「漱石アンドロイドの人格権」や「漱石アンドロイドにどこまで何を実施させるべきか」などの講演や活発な議論が行われました。

2019年のシンポジウムでは佐藤大氏（「攻殻機動隊S.A.Cシリーズ」「交響詩篇エウレカセブン」等の脚本家）による漱石アンドロイドのモノローグからスタートしました。漱石作品の本文からサンプリングしたスクリプトをベースにしつつ、映画「ブレードランナー」でのレプリカントのモノローグを響かせ、アンドロイドとしての虚と実の狭間について語る、感銘深いものでした。

渋沢栄一アンドロイド

２０１９年7月に深谷市の長原一副市長が二松学舎を来訪され、漱石アンドロイドの運用状況を詳しく見学されました。朗読プログラムの実演のほか、バックヤードでのアンドロイドの操作方法や駆動方法についても、詳細にご覧いただきました。漱石アンドロイド操作上の注意すべき点や設置上の留意点についても質問がありました。

深谷市で「渋沢栄一翁のアンドロイド」の制作を計画しており、その準備のために漱石アンドロイドを見学に来られたとのことでした。深谷市は渋沢栄一の生まれ故郷です。渋沢栄一は、二松学舎の第三代舎長を務めた人物であり、二松学舎としても全面的にお手伝いすることになりました。

「渋沢栄一アンドロイド制作発表会」に漱石アンドロイドが出席

その後、深谷市では、郷里の偉人である渋沢栄一のアンドロイドを制作し、渋沢栄一記念館等で活用する計画を正式に決定しました。２０１９年10月3日には「渋沢栄一アンドロイド制作発表会」を開き、その記者会見に漱石アンドロイドが同席しました。

渋沢栄一アンドロイドは、同市出身の鳥羽博道氏（株式会社ドトールコーヒー名誉会長＝

鳥羽博道ドトールコーヒー名誉会長＝写真・二松学舎

上の写真）が制作資金を寄付、石黒浩教授監修のもと、株式会社エーラボが制作することとなりました。監修者と制作者は漱石アンドロイドと同じです。

本書を通して述べているように、渋沢栄一は二松学舎の創立者である三島中洲《ちゅうしゅう》と親しく、両者の対話から渋沢栄一の代表作『論語と算盤』が著されたほか、自身二松学舎の第三代舎長を務めており、二松学舎との関係は極めて深いものがあります。こうしたことを背景に、二松学舎としては深谷市の渋沢栄一アンドロイド計画をサポートする観点から漱石アンドロイドの記者会見出席を行ったものです。

記者会見当日は、小島進深谷市長、寄付者の鳥羽氏、石黒教授らと共に、漱石アンドロイドが壇上に登り、渋沢栄一の『論語と算盤』について、二松学舎との関連も踏まえながら、説明を行い、関係者や報道陣にも大変好評でした。これも渋沢栄一が紡いでくれた縁なのかもしれないと、感慨深いものがありました。以下に記者発表の席で漱石アンドロイドが述べた祝辞を参考までに記載します。

会場の皆さん、こんにちは。夏目漱石です。

私のことをあまりご存じない方もいると思いますので、簡単に自己紹介をさせていただきます。私は1867年、慶応3年の2月9日に、江戸、牛込馬場下で生まれました。本名は夏目金之助と言います。12歳のときに、今は日比谷高校というらしいのですが、東京府第一中学に入学しましたが、漢学の勉強をしたいと思うようになり、2年ほどで中退しました。14歳のときに、当時、漢学塾であった二松学舎に入学し、その年の7月に「第三級第一課」を、11月には「第二級第三課」を卒業しました。何事も徹底して漢学式で、輪講の順番を決めるくじも漢学流だったことを覚えています。

（中略）33歳のときに英国へ留学し、帰国後は講師として働きながら「吾輩は猫である」や「坊っちゃん」などを執筆しました。49歳で一旦皆さまの前から姿を消すことになりますが、二松学舎創立140周年を記念して、2016年に大阪大学の石黒浩先生の監修のもと、アンドロイドとして復活し、現在は二松学舎大学、附属中高で、学生・生徒を相手に朗読講義などを行っています。

甦ったことで、新しいことに挑戦する機会も増えましたが、できないこともあります。例えば、こちらに来る途中、深谷市の名物である深谷ねぎが入った「煮ぼうとう」のお店を見かけましたが、この体では食べることができないのが残念でなりません。

私は、二松学舎の学祖三島中洲先生から直接教えを受けたことを大変誇りに思っています。

三島中洲先生と渋沢栄一先生は、個人的にも大変親しい仲でした。三島中洲先生がお亡くなりになる前に、渋沢先生に「二松学舎を頼む」と託され、1919年に渋沢先生が二松学舎の舎長として、全般を統率されています。

渋沢先生の代表作に『論語と算盤』という本があります。『論語と算盤』の冒頭に、どうしてこの表題をつけたかという話が出てきます。少し現代語にしてみますと、ある日、学者の三島先生が渋沢先生の家を訪ねてこられて、「自分は論語読みの方だ。それなら論語読みの自分も算盤、つまり商業を大いに勉強しなくてはいけない。論語と算盤、つまり論語と商業をなるべく密着して考えるように努めましょう」と述べられたということです。

これが渋沢先生の代表作『論語と算盤』ができた背景です。創設者である三島先生と舎長であった渋沢先生が語り合ってできた『論語と算盤』は、一度是非読了すべき本だと思います。

私の母校である二松学舎とも深い係わりのある渋沢栄一先生が今般アンドロイドとして復活されるという事です。誠にすばらしいことであり、お会いできることを心から楽しみにしております。かつて私は、千円札に描かれました。渋沢先生は今度1万円札の肖像に選ばれたそうですね。そんなところにも縁を感じます。

この記者会見が始まる前に、小島進深谷市長、鳥羽博道ドトールコーヒー名誉会長の両名から、「先般二松学舎大学附属柏中学校で行っている論語の授業のテレビ放映をみたが、中学生が真剣に論語に取り組んでいる姿に感銘した」との言葉がありました。BSテレビ東京の渋沢栄一特集番組に二松学舎大学附属柏中学校の論語授業の模様が放映されていたのです。

二松学舎では、附属高校、附属柏中学・高校で、論語の素読や読解の授業を設けています。三島中洲、渋沢栄一の精神は現代も二松学舎の教育にしっかりと受け継がれています。

渋沢栄一アンドロイドと漱石アンドロイドの共演

２０２０年４月渋沢栄一アンドロイドの一体目（巻頭写真）が完成しました。一体目とは、計画では渋沢栄一のアンドロイドは二体制作することになっているためです。立位のアンドロイドと座位のアンドロイドの二つだそうです。２０２０年４月に完成したのは、立位の渋沢栄一アンドロイドです。

２０２０年６月30日には、深谷市の渋沢栄一記念館において渋沢栄一アンドロイドの除幕式が催され、除幕式の後には渋沢栄一アンドロイドから約８分間にわたって、「道徳経済合一説」の講演がありました。

かつて渋沢栄一は第三代舎長を務めた二松学舎で論語についての講演を何度も行っています。２０２０年12月12日、二松学舎において、「渋沢栄一『論語と算盤』から生まれる未来」をテーマにシンポジウム（朝日教育会議２０２０）が開催されました。

井上潤渋沢史料館館長、石黒浩大阪大学教授、町泉寿郎二松学舎大学教授らの講演、脚本家の大森美香氏を交えたディスカッションに加え、渋沢栄一アンドロイドと漱石アンドロイドの共演が実現しました。漱石アンドロイドによる渋沢栄一と『論語と算盤』の紹介に続き、渋沢栄一アンドロイドによる「道徳経済合一説」の講演が行われ、大変有意義なシンポジウムになったものと考えています。

渋沢栄一と三島中洲の友情が紡いだ絆は100年後の今日も連綿と受け継がれています。こうした縁が今後ますます発展していくことを祈念してやみません。

漱石アンドロイドと渋沢栄一アンドロイドの共演模様はこちらから見られます∨

(1)『研究社英文學叢書』研究社出版、1982年
(2)夏目金之助『漱石全集』第十三巻、岩波書店、1995年

結びに

山田方谷《ほうこく》から三島中洲《ちゅうしゅう》・渋沢栄一に至る思想と行動を辿ってみてあらためて驚いたのは、幕末から明治維新を越えて生きた三人が、自分の頭で考え、自分の言葉を語り、数多くの知己を得ながら、実に幅広い分野で活躍していることでした。

たとえば、山田方谷が備中松山藩で実施した藩政改革は、現代のマクロ経済学から見ても需要喚起をも念頭に置いた非常にバランスの取れた改革であり、だからこそ大成功を収めたと考えられます。三島中洲が大審院判事として、また、民法学者ボアソナードに学びつつ、黎明期の日本の司法界に多くの貢献をしていることも興味深いものでした。渋沢栄一の正に千手観音のような活躍については詳しく触れるまでもありません。こうした、知識・行動が一体となった人格を育んだものは、幕末・明治維新という動乱の時代、激変の時代を生き抜いてきた経験と自信に加え、漢学というものの力も大いに寄与していると感じたところです。

この三人はいずれも農民階級の出身であり、漢学によって素養を磨き、社会を変革できる立場に上りつめたという共通点があります。漢学は、歴史に彫琢された理念・知識・教訓をもたらすだけではなく、漢学を通して、幕末・明治の知識人が横に連携し、議論し、行動に結びつけていったという意味では、当時の「共通言語」「共通思考基盤」としての役割も果たしていたのではないでしょうか。三人とも、現代の細分化された学問分野の下では生じないような、うらやましいほどの「多様な越境活動」を繰り広げているように思えるのです。

山田方谷・三島中洲・渋沢栄一が結んでくれたご縁というもののありがたさも身に沁《し》みました。山田方谷と三島中洲ゆかりの岡山県高梁市及び倉敷市とのご縁は、二松学舎にとっての「宝」であり、今後とも守り育てていくことが必要です。渋沢栄一のご縁で、渋沢家の皆様には大変お世話になっております。とくに二松学舎の評議員をお願いしている渋澤健様には、本書の帯の文言を選んでいただきました。また、渋沢史料館館長の井上潤先生には各種シンポジウムへのご参加等本学の研究活動面においてご協力いただいております。

2020年12月に本学で開催したシンポジウム「渋沢栄一『論語と算盤』から生まれる未来」では、深谷市のご厚志により、渋沢栄一アンドロイドをお借りすることができました。本当にありがとうございました。渋沢栄一アンドロイドは、渋沢栄一の思想を現代社会に広く伝える一つの大きな触媒になる可能性を示していると感じています。また、渋沢栄一アンドロイドとの縁をつないでいただいたともいえる漱石アンドロイドの制作・監修者の大阪大学大学院基礎工学研究科石黒浩教授にも心から感謝したいと思います。

本書は二松学舎大学文学部・町泉寿郎教授が監修し、また、山田方谷六代目直系子孫で二松学舎評議員でもある野島透氏にも全体をご覧いただきました。

渋沢栄一は、欲望に満ちた「利益至上主義」は資本主義のいわば宿命であり、行き過ぎると格差を拡大させ、社会の安定を崩し、場合によっては資本主義社会自体の衰亡をもたらすのではないかということを直感的に感じていたのだと思います。

渋沢栄一は「利益至上主義」を抑制するアンカー（錨）として「論語」を用いました。

文中にも書きましたが「利益至上主義」をいかにコントロールしていくかは、21世紀を生きる我々に課された、今ここにある問題です。「論語」でコントロールするのか、「論語」でなければ何が適当なのか、そもそも何が必要で何が過剰なのか。22世紀まで生きるかもしれない現代の大学生・高校生の方々にこそ、考えていただきたい問題なのです。

学校法人二松学舎　常任理事
西畑一哉

主な参考文献（五十音順）

アダム・スミス著、水田洋訳『道徳感情論』上・下、岩波文庫、２００３年
安藤英男校注『塵壺　河井継之助日記』東洋文庫、１９７４年
池辺一郎・富永健一『池辺三山　ジャーナリストの誕生』中公文庫、１９９４年
井上潤『渋沢栄一　近代日本社会の創造者』山川出版社、２０１２年
王陽明著、溝口雄三訳『伝習録』中央公論新社、２００５年
岡田武彦『王陽明大伝』一～五巻、明徳出版社、２００２～05年
学校法人二松学舎『二松学舎九十年史』１９６７年
学校法人二松学舎『二松学舎百年史』１９７７年
学校法人二松学舎「二松学舎ニュースマガジン　學」1～52号
嘉納治五郎『嘉納治五郎　私の生涯と柔道』日本図書センター、１９９７年
小林惟司『犬養毅』ミネルヴァ書房、２００９年
坂本頼之「渋沢の『論語講義』訂正箇所からみた思想傾向」（『国際哲学研究』9号所収）、

東洋大学学術情報リポジトリ、２０２０年
司馬遼太郎『峠』新潮社、１９６８年
渋沢栄一『論語講義』二松学舎出版部、１９２５年
渋沢栄一『論語と算盤』忠誠堂、１９２７年
渋沢栄一『青淵先生演説撰集』竜門社、１９３７年
渋沢青淵記念財団竜門社編『渋沢栄一伝記資料』本巻・別巻、１９５５～71年
島田昌和『渋沢栄一　社会企業家の先駆者』岩波新書、２０１１年
徐朝龍『三星堆・中国古代文明の謎　史実としての「山海経」』大修館書店、１９９８年
城山三郎『雄気堂々』新潮社、１９７２年
生誕一五〇周年記念出版委員会編『気概と行動の教育者　嘉納治五郎』筑波大学出版会、２０１１年
田中一弘『「良心」から企業統治を考える』東洋経済新報社、２０１４年
中國銀行『中國銀行五十年史』１９８３年
堂目卓生『アダム・スミス』中公新書、２００８年
中田勝『シリーズ陽明学34　三島中洲』明徳出版社、１９９０年

中野敏男『ヴェーバー入門　理解社会学の射程』筑摩書房、２０２０年
中林啓治作画、岩井宏實監修、工藤員功編『絵引　民具の事典　イラストでわかる日本伝統の生活道具』河出書房新社、２０１７年
夏目金之助『漱石全集』第13・16・22・23巻、岩波書店、１９９５・１９９６年
二松学舎小史編集委員会編『明治10年からの大学ノート』三五館シンシャ、２０１７年（3版）
二松學舍専門學校校友會『二松』第一～三号・第四号
日本女子大学『写真が語る　日本女子大学の１００年　そして21世紀をひらく』２００４年
野島透『山田方谷に学ぶ改革成功の鍵』明徳出版社、２００９年
林田明大『山田方谷の思想を巡って』明徳出版社、２０１０年
P・F・ドラッカー著、上田惇生訳『断絶の時代　いま起こっていることの本質』ダイヤモンド社、１９９９年
P・F・ドラッカー著、上田惇生訳『ドラッカー名著集13　マネジメント　課題・責任・実践』上巻、ダイヤモンド社、２００８年
一橋大学学園史刊行委員会編『一橋大学百二十年史』１９９５年

平塚らいてう『作家の自伝8　わたくしの歩いた道』日本図書センター、1994年
F・エンゲルス「1852年における革命的フランスにたいする神聖同盟の戦争の諸条件と見通し」（『マルクス＝エンゲルス全集』第7巻所収）、大月書店、1961年
マイケル・ポーター著、土岐坤・中辻萬治・服部照夫訳『競争の戦略』ダイヤモンド社、1982年
町泉寿郎編著、見城悌治・飯森明子・井上潤責任編集『渋沢栄一と「フィランソロピー」1　渋沢栄一は漢学とどう関わったか　「論語と算盤」が出会う東アジアの近代』ミネルヴァ書房、2017年
マックス・ヴェーバー著、大塚久雄訳『プロテスタンティズムの倫理と資本主義の精神』岩波文庫、1989年
三島中洲『中洲文稿』第一～四集、1898～1917年
三島中洲著、石川忠久編『三島中洲詩全釈』第三巻、学校法人二松学舎、2015年
三島正明『最後の儒者　三島中洲』明徳出版社、1998年
矢吹邦彦『ケインズに先駆けた日本人　山田方谷外伝』明徳出版社、1998年
山田準編『山田方谷全集』山田方谷全集刊行会、1951年

山田琢・石川梅次郎『叢書・日本の思想家41　山田方谷・三島中洲』明徳出版社、1977年
余英時著、森紀子訳『中国近世の宗教倫理と商人精神』平凡社、1991年

渋沢史料館（公益財団法人渋沢栄一記念財団）

住　所	〒114-0024 東京都北区西ヶ原2-16-1（飛鳥山公園内）
電　話	03-3910-0005
開館時間	午前10時〜午後5時（入館は午後4時30分まで）
休館日	月曜日（祝日と重なる場合は開館） 祝日の代休（祝日後の最も近い火〜金曜日の1日） 12月28日〜1月4日
アクセス	JR京浜東北線王子駅南口より徒歩5分、東京メトロ南北線西ヶ原駅より徒歩7分、都電荒川線飛鳥山停留場より徒歩4分、都バス飛鳥山停留所より徒歩5分、北区コミュニティバス飛鳥山公園停留所より徒歩3分 ※最新の開館情報については渋沢史料館ホームページ（https://www.shibusawa.or.jp/museum/）をご確認ください。

渋沢栄一記念館

住　所	〒366-0002　埼玉県深谷市下手計1204
電　話	048-587-1100
ファクス	048-587-1101
開館時間	午前9時〜午後5時（資料室）
休館日	年末年始（12月29日から1月3日）
アクセス	最寄駅はJR高崎線深谷駅または岡部駅。最寄り駅からタクシーの場合、JR深谷駅から約16分、JR岡部駅から約16分 自家用車の場合、関越自動車道花園ICから約40分、本庄児玉ICから約30分また北関東自動車道太田藪塚ICから約40分 **■渋沢栄一アンドロイドの見学について（要予約）** 講義室にて 午前9時30分〜午後4時（最終講義は3時30分から） ※新型コロナウイルス感染予防のため資料室の見学も事前予約制となっている場合もあります。詳しくはホームページ（http://www.city.fukaya.saitama.jp/shibusawa_eiichi/kinenkan.html）をご確認ください。

ブックデザイン　小原めぐみ

「論語《ろんご》と算盤《そろばん》」渋沢栄一《しぶさわえいいち》と二松学舎《にしようがくしや》
山田方谷《やまだほうこく》・三島中洲《みしまちゆうしゆう》から渋沢栄一《しぶさわえいいち》への陽明学《ようめいがく》の流《なが》れ

2021年６月30日　第１刷発行

編　　者　学校法人二松学舎
発 行 者　三宮博信
発 行 所　朝日新聞出版
〒104-8011　東京都中央区築地５－３－２
電話　03-5541-8832（編集）
03-5540-7793（販売）

印刷製本　共同印刷株式会社

ISBN978-4-02-331926-4
定価はカバーに表示してあります。